华夏智库·新经济丛书

人工智能时代下的 组织绩效改进

崔连斌　胡　丽　罗胜飞 著

经济管理出版社

ECONOMY & MANAGEMENT PUBLISHING HOUSE

图书在版编目（CIP）数据

人工智能时代下的组织绩效改进/崔连斌，胡丽，罗胜飞著 . —北京：经济管理出版社，2019. 2

ISBN 978-7-5096-6365-3

Ⅰ. ①人… Ⅱ. ①崔…②胡…③罗… Ⅲ. ①人工智能—应用—组织管理学 Ⅳ. ①C936-39

中国版本图书馆 CIP 数据核字（2019）第 018067 号

组稿编辑：张　艳
责任编辑：张　艳　张广花　王虹茜
责任印制：黄章平
责任校对：董杉珊

出版发行：经济管理出版社
　　　　　（北京市海淀区北蜂窝 8 号中雅大厦 A 座 11 层　100038）
网　　址：www. E-mp. com. cn
电　　话：（010）51915602
印　　刷：三河市延风印装有限公司
经　　销：新华书店
开　　本：720mm×1000mm/16
印　　张：13. 5
字　　数：172 千字
版　　次：2019 年 2 月第 1 版　2019 年 2 月第 1 次印刷
书　　号：ISBN 978-7-5096-6365-3
定　　价：45. 00 元

前　言

组织绩效改进：人工智能时代下企业转型升级的必然选择

说到人工智能，很多人可能会想到机器人，有些人还会想到将机器人运用到企业运营中，甚至有些人还会想到技术、科学、高科技……似乎都是与大多数人距离很远的东西。尤其是一些对人工智能知之甚少的企业领导，更是觉得人工智能与自己似乎隔着一层面纱，模糊不见其真面目。

其实，人工智能虽然并没有像文学作品和科幻小说中描述的那样神奇，但其在科幻作品中的某些场景却早已深入到大众生活的方方面面。从无人驾驶的汽车、客厅里端茶送水的机器人，到根据历史记录自动推荐商品的购物系统，人工智能正以令人惊叹的速度融入我们的生活中。同样，人工智能也被广泛运用于企业的生产运营中。

人工智能并不是一个新概念，随着科学技术发展日益成熟，现实中已经有许多人工智能技术得到了广泛的运用。

根据目前人工智能的发展现状，可以预见的是，未来十年人工智能必然会大举进军商界。过去，新技术主要对"蓝领"和服务类岗位产生颠覆性影响。如今，人工智能将影响到企业人才管理的各个层级——从首席高管到一线管理者。

在企业中，绩效管理是一项重要工作，其重要性不言而喻。为了提高企业的绩效管理，就要重视组织绩效的改进，而人工智能时代也对这项工作提出了新的要求。那么，如何才能顺应时代的发展要求，进行合理有效的绩效改进呢？

为了给读者以启发，笔者对多年的从业经验进行总结，特意编著了此书，供读者借鉴。本书共分为十一章，重点突出，分析简洁，通俗易懂，方法得当。

第一章，主要介绍了人工智能对各行各业的颠覆。比如，电商、医疗、金融、制造、广告、安防等行业。

第二章，主要介绍了人工智能时代下传统企业面临的困局。比如：企业面临的最大挑战是什么？把握人工智能浪潮的关键点是什么？人工智能如何改变传统行业？企业如何借助人工智能实现转型升级？

第三章，主要介绍了人工智能时代下企业绩效改进的原理。比如：绩效传导的基本原理，绩效改进的基本原则，建造适合时代需要的绩效改进中心等。

第四章，主要介绍了人工智能时代下数据的运用。比如：数据收集的三个层面，数据的来源，数据的收集方法，数据的储存和管理，数据的分析和可视化。

第五章，主要介绍了人工智能时代下绩效改进方案的选择和实施。比如：各类绩效改进方案，选择的标准和方法，管理变革和变革曲线，等等。

第六章，主要介绍了人工智能时代下组织的优化。比如：企业转型升级下的组织调整、新工作的创造、智能化的分析预测及决策的智能化、领导力的"突围"。

第七章，主要介绍了人工智能时代下管理策略的变革。比如：人工智能时代企业管理对象、方式、目标、手段的变化，人与机器、人与组织等的未来发展趋势，管理的成功转型，自我管理的 SMART 原则。

第八章，主要介绍了人工智能时代下营销的创新。比如：营销三大挑战与人工智能对策，人工智能技术在市场营销中的应用，精准营销，人工智能可以解决的营销场景，人工智能构建的千人千面营销新模式。

第九章，主要介绍了人工智能时代的企业流程设计。比如：业务流程梳理和操作流程定义，流程再造的基本原则，流程再造方法——DACUM，绩效改进措施之业务流程再造。

第十章，主要介绍了人工智能时代下人力资源的破局。比如：人工智能重新定义现代企业人才管理，IDSS 在 HRMIS 模块设计中的应用，员工队伍重塑的人工智能解决方案，百度的"大数据+人工智能"人才管理创新。

第十一章，主要介绍了人工智能时代下的绩效评估。比如：人工智能在绩效评估中的应用，绩效评估的内容与效果，绩效评估方法，绩效改进收益计算方法，以及如何判断绩效改进工作可以结束。

当然，不同读者对知识的理解是不同的，因此在阅读的过程中，要根据个人需要，挑选满足需要的重点内容，进行研读并努力实践，方可获得收益。本书前两章，主要是关于人工智能的应用和作用，只要阅读理解即可。重点在于后面各章节方法的学习和运用。因为，对于人工智能时代下的绩效改进，方法更重要。如果读者对相关方面的内容感兴趣，可以围绕书中提到的方法要点进行扩展，通过网络等途径查找相关资料，充实自己。

本书非常适合企业家、中小企业创业者、企业各级管理者、HRBP/HR、绩效改进顾问、培训管理者等阅读。认真阅读并努力实践，不仅能够帮企业落实战略目标，还能提升企业盈利能力，更能提高企业的核心竞争力。

总之，关于人工智能的作用，一定要重视起来。对于绩效管理的改进，更不能忽视。切记，只有紧跟时代潮流，企业才会更好的发展。不改变，毋宁死！

目　录

第一章

颠覆：人工智能重构所有行业

人工智能是对人的思维信息过程的模拟，涉及计算机、信息论、控制论、自动化、仿生学等多种学科，具有广阔的发展前景。如今，人工智能已经融入到所有行业，重构着各行业的发展模式，也已经渗透到人们的日常生活，满足着人们的多种需求。如零售、医疗、金融、制造、教育、交通、媒体、安防等，无不受到人工智能的影响和颠覆。人工智能时代，要想进行绩效改进，就要对这些颠覆性变化多一些了解和认识，认真学习，积极借鉴。

电商零售领域：大数据分析，智能仓储与物流、导购

人工智能在电商零售领域的应用，主要是利用大数据分析技术，智能管理仓储与物流、导购等内容，用以节省仓储物流成本、提高购物效率、简化购物程序。也就是说，人工智能主要应用在仓储物流、智能导购和客服等场景中。在新零售时代，这几个应用场景更具创新性。

● 新零售时代的智能仓储与物流

电商的快速发展促使原本单调乏味的物流行业发生了巨大的变化，当所谓的新零售时代来临，仓储物流的智能化也成了供应链创新过程中至关重要的一环。这时，一批智能物流服务商开始登上历史舞台，他们把机器人产品和人工智能技术运用到物流仓储中，以实现柔性自动化和更快速的反应能力。仓储机器人公司北京极智嘉科技有限公司（以下简称"极智嘉"）就是这样一个定位为"机器人智能物流专家"的企业，目前已为天猫、唯品会、苏宁等20多个网站的仓库配置了近1000台机器人。

电商行业的仓储物流主要面临着两大挑战：订单处理难度大和订单响应时效高。具体来说，电商行业的仓储物流以分为主、以存为辅，订单履行效率是关键。海量SKU导致存储深度浅且有波动，出入库流量大要求效率高、差错率低，海量订单使得订单行少且深度浅，同时存在季节波动。因此，其重点和难点是大规模高效精准拆零拣选。针对这些特性，极智嘉推出了"货到人"智能仓储物流解决方案。

极智嘉的机器人后台管理系统分为五大主要功能模块，其软件系统的架构主要包括机器人调度平台、智能仓库管理模块、算法仿真平台。其中，机器人调度平台可与客户WMS/MES对接，根据客户业务特点灵活拓展各种拣选、搬运和分拣的解决方案。智能仓库管理模块可独立作为WMS帮助客户管理库存、订单并实现各种优化策略。算法仿真平台用以验证各种算法效率及对业务场景的适配性，确保系统效率最优。

2017年8月，由极智嘉部署实施，位于武汉的三当家供应链仓库正式投入运营。这对极智嘉来说是个标志性节点。从部署到项目投入运营只用了55天，创造了"货到人"仓库部署实施的最快纪录，同时也意味着智能仓储物流解决方案在电商行业的应用已实现标准化和可复制性。以极智嘉与电商仓配供应链企业三当家的合作为例。此次部署的三当家仓库机器人为极智嘉所研发生产的 P500 机器人，最大举升重量 500 公斤，使用二维码导航和红外避障，根据系统上层指令完成自动拣货任务，还具有智能路径规划、自主导航、自动避障等功能。智能拣选系统通过移动机器人搬运货架到拣选人员，拣选人员只需根据显示屏和播种墙电子标签的提示，从指定货位拣取相应数量的商品放入订单箱。

（资料来源：引自金融界《机器人咋帮电商实现智能物流？Geek+这样做》，内容有删减。）

极智嘉针对商超行业特有的仓库作业特点，使机器人系统实现了多批次、小批量的门店补货，同时减少库存量，保证了门店业务的发展，也应和了时下的"新零售"趋势。

● 新零售时代的智能导购

零售时代智能导购推荐的产品能够更好地提高店铺的产品曝光率，设置完成后，会在产品详情页面中展示增加导购推荐模块，提升零售店铺产品的曝光率和点击率。这是一种全新的购物体验。

美的集团"智能新零售"于 2018 年 3 月 13 日正式亮相中国家电及消费电子博览会（AWE），其智能导购给人带来了全新购物体验。此次发布的智能新零售不仅可以应用于美的集团的 2000 多家旗舰店及 10 万多家加盟店，也可以在电商美的易买、美的官网等多种渠道，使用人工智能技术为消费者提供精准分析和推荐。

美的智能导购结合了四大技术：自然语言理解、人脸识别、大数据及智能推荐算法。首先，利用自然语言理解与消费者进行一对一的会话交流，深度了解用户的第一需求；其次，通过人脸识别及 107 种表情分析，实时了解消费者对产品和对话的即时反馈；再次，大数据分析基于用户历史购买、服务记录等构建客户画像；最后，智能推荐融合成百上千的人工智能模型和算法，进一步判断并了解消费者实际的购物需求，分析出他们的购物习惯和产品偏好，以进行精准的产品、套系、折扣等个性化推荐。消费者还可以在全数字化的智能体验中，了解产品的每一个细节，并体验美的产品与不同装修风格的搭配。

（资料来源：引自凤凰网《美的正式发布智能新零售，以人工智能导购为核心带来全新购物体验》，内容有删减。）

美的智能新零售结合了高精度自然语言理解、人脸识别及表情分析，融合大量推荐模型结果等多种人工智能技术并提供智能产品体验智能支付，以人工智能导购为核心的全新购物体验模式，为消费者带来便捷、贴心和个性化的购物体验。

● 新零售时代的智能客服

智能客服是创新和使用客户知识，帮助企业提高优化客户关系的决策能力和整体运营能力的概念、方法、过程以及软件的集合。它是在大规模知识处理基础上发展起来的，面向行业应用，具有行业通用性。目前，智能客服在新零售中的场景化应用已越来越普及。

Udesk 是国内最具创新力的客户服务平台，通过客服大数据平台的数据沉淀和人机交互精细化运营，帮助零售企业大幅度提高了客服效率。智能客服技术与零售的完美结合，可以持续帮助企业平台转化更多的流量、提升零售客服效益。

Udesk 智能客服系统包括五大核心功能：呼叫中心、在线客服、智能机器人、工单系统、移动客服。Udesk 老客户每日优鲜完成 3.3 亿美元融资，将投入 3 亿美元在办公室无人货架项目"便利购"上，实现 10 万个点位的快速铺设。智能补货、智能定价、用户智能分层等，这些技术对于生鲜品损耗率的降低和对于用户的精准营销都有着非常积极的意义。Udesk 客服智能大数据 Udesk Insight 为其提供的自由度十足的报表和自定义看板可以全面地为每日优鲜提供准确的决策数据，帮助每日优鲜更加了解自己的用户，真正实现数据驱动业务。

（资料来源：引自凤凰网《每日优鲜完成3.3亿美元融资，将投3亿美元布局无人货架》，内容有删减。）

面对新零售时代带来的商机与挑战，Udesk 智能客服平台创新给出足可学习借鉴的智能客服解决方案！

医疗健康：健康监测诊断、智能医疗设备

人工智能在医疗健康领域的应用，主要是通过大数据分析，完成对部分病症的诊断，减少误诊的发生。其应用场景主要有虚拟助理、医学影像、药物挖掘和营养学，此外还有生物技术、急救室或医院管理、健康管理、精神健康、可穿戴设备、风险管理和病理学等。我们在这里着重阐述前四个方面的应用。

• 虚拟助理：人工智能可以诊断疾病

虚拟助理是一个你身边的语音助手，交谈是与虚拟助理交互的基本模式。你跟助理说话，在自然语言处理和语义分析之后，语音助理也会回复你。苹果手机上的 Siri 就是大家最熟悉的虚拟助理，它可以根据和用户的交谈，智能化地通过病情描述判断你生了什么病。

苹果 Siri 是一款语音驱动助手，用户可以长按 iPhone 或 iPad 的 Home 键激活 Siri。此外 Siri 还可以前瞻性地向用户推荐需要执行的行为。现在，Siri

已经可以支持 Apple TV 和 Apple Watch 了。Siri 在苹果设备上使用非常方便，理解人类自然语言，对于新闻、天气、体育、电影、导航和本地商户很了解。Siri 非常精通电视内容推荐，知道如何控制一些智能家用电器。Siri 还不能进行扩展对话，不过在某些特定环境下，Siri 还是非常智能的。此外，Siri 女性发音感觉也很人性化，让人感觉不到是在和机器人交流。

（资料来源：引自搜狐网《人工智能虚拟助理大盘点，哪一款是你的菜?》，内容有删减。）

• 医学影像：辅助和代替医生看胶片

医学影像包括了海量的数据，即使有经验的医生有时也显得无所适从。医学影像的解读需要长时间专业经验的积累，因此放射科医生的培养周期相对较长，而人工智能在对图像的检测效率和精度两个方面，都可以做得比专业医生更快，还可以减少人为操作的误判率。近年来，从图像中识别出对象物的"图像识别技术"的性能在"深度学习"的帮助下得以迅速提高。

递归神经网络之父、德国计算机科学家尤尔根·施米德胡贝的团队曾经采用深度学习算法赢得了乳腺癌识别检测的比赛。这是深度学习第一次赢得医学影像竞赛，也是第一次通过这种方式检测癌症。其通过快速神经图像扫描的方法比以前的方法快了 1000 多倍。

（资料来源：引自 FT 中文网《人工智能将重构几乎所有行业》，内容有删减。）

• 药物挖掘：大幅度降低药物研发成本

在医药领域，最早利用计算机技术和人工智能并且进展较大的就是在药物挖掘上，如研发新药、老药新用、药物筛选、预测药物副作用、药物跟踪研究等，均起到了积极作用。这实际上已经产生了一门新学科，即药物临床研究的计算机仿真（CTS）。

Atomwise 是美国的一家利用超级计算机进行药品研发的公司，该公司利用人工智能和复杂的算法来模拟药品研发的过程，在研发的早期评估新药研发风险，让药物研究的成本降至数千美元，并且该评估可以在几天内完成。Atomwise 软件平台运行在 IBM 的蓝色基因超级计算机上，其强大的计算能力使它们可以完成很多任务，例如评估 820 万种化合物，并且在几天之内找到多发性硬化症可能的治疗方法。比如在 Atomwise 预测的药物中，有两种或许能用来抗击埃博拉病毒，他们用时一个星期就找到了这种药物，并且成本不超过 1000 美元。Atomwise 还为制药公司、创业公司和研究机构提供候选药物预测服务。

（资料来源：引自搜狐网《日本准备让人工智能"插足"药品研发，并成立相关机构》，内容有删减。）

●营养学：告诉我们应该吃什么

对于食物，有关研究发现，即便食用同样的食品，不同人的反应依然存在巨大差异。这表明，过去通过经验得出的"推荐营养摄入"从根本上就有漏洞。而机器学习算法在这方面大有帮助。

David Zeevi 团队曾经在美国细胞出版社发行的关于生命科学领域最新研究发现的杂志 *Cell* 上发表论文，阐释了机器学习应用于营养学的积极作用。该团队分析了三组不同的数据，其中的第一组数据来自 800 名志愿者。他们每天第一顿食用四套标准化食品中的一种，其余时间正常饮食。研究者采集了他们的血样、粪便、血糖、肠道菌群等多项数据，并使用调查问卷、APP 等形式收集食物、锻炼以及睡眠数据。数据收集持续一周。他们开发了一套"机器学习"算法，分析学习血样、肠道菌群特征与餐后血糖水平之间的关联，并尝试用标准化食品进行血糖预测。葡萄糖是人类细胞最主要的能量来源，血糖异常会导致多项重要疾病。可以说，血糖管理是精准营养的基石。

机器学习算法被 800 名志愿者的数据"训练"之后，变得能够预测食物对人体血糖水平的影响。随后，研究者在第二组人群上（100 名志愿者）验证机器学习得出的预测模型，效果非常理想。

那么机器学习得出的模型能否实际运用于指导健康饮食呢？研究者在第三组人群上（26 名志愿者）进行双盲试验。研究者针对每位志愿者的血样、微生物组数据，依据人体测量学制订了个性化膳食计划。其中一组的 12 名志愿者，使用机器学习算法的建议。对照另一小组的 14 名志愿者，采用医生和营养专家的建议。膳食计划也分为两种，一种被设计用于控制血糖水平，另一种则相反。每组志愿者均严格遵照建议饮食两周，一周进行"健康饮食"，另一周践行"不健康饮食"，并比较结果。

最终的研究结果表明，机器学习算法给出了更精准的营养学建议，成功控制了餐后血糖水平，效果优于传统专家建议。这为机器学习以及精准营养学打开了一扇大门，同时这篇重磅论文也登上了当期 *Cell* 杂志的封面。

（资料来源：引自健康界《人工智能+医疗健康趋势报告：人工智能加上医疗可以做什么？》，内容有删减。）

从人工智能对行业的影响程度来看，医疗保健行业是目前受到人工智能的深度学习算法影响的行业之一。世界银行数据表明，全球医疗保健开销占全世界 GDP 的 10%，而其中至少 10% 也就是大概千亿美元用于医疗诊断，如癌症检测、动脉斑块检测和 X 光片检查等。在手术领域，手术机器人也得到了广泛应用；在治疗领域，基于智能康复的仿生机械肢等也有大量应用。由于人工智能在医疗保健行业的应用，人们将会活得更长久、更健康。

金融业：分析、预测、辨别交易数据、价格走势等

金融业一直被视为制造业之外能够被人工智能最早重塑的领域之一。主要通过机器学习、语音识别、视觉识别等方式来分析、预测、辨别交易数据、价格走势等信息，从而为客户提供投资理财、股权投资等服务，同时规避金融风险，提高金融监管力度。在具体应用上，创新了量化交易、智能投顾、风险防控、安防与客户身份认证、智能客服、精准营销等金融场景。

● 量化交易

量化交易从很早开始就运用机器进行辅助工作，分析师通过编写简单函数，设计一些指标，观察数据分布，而这些仅仅把机器当作一个运算器来使用。随着机器学习的崛起，数据可以快速海量地进行分析、拟合、预测，人们逐渐把人工智能与量化交易联系得愈发紧密，甚至可以说人工智能的机器学习、自然语言处理、知识图谱三个子领域贯穿量化交易的始终。

2017 年 10 月 18 日，美国两家公司 EquBot LLC 和 ETF Managers Group 共同推出了全球第一只应用人工智能系统、机器学习停止投资的交易型开放式指数基金，又被称为交易所交易基金（Exchange Traded Funds，ETF）AI Powered Equity ETF（AIEQ. US）在纽交所上线。该基金在 IBM 的 Watson 平台上运行其自营的量化模型（EquBot 模型），为主动型投资基金。这个选股"阿尔法狗"开掘出了一些大热的股票。数据显现，自 10 月 18 日启动以来，选股"阿尔法狗"管理的基金，曾经提供了 0.83% 的报答率，而同期标普 500 指数上涨 0.48%，纳斯达克综合指数涨幅为 -0.42%。

（资料来源：引自搜狐网《刚刚，金融圈响起一声炸雷——选股"阿尔

法狗"》，内容有删减。）

有人或许要问：如此这般，还要银行业乃至金融业的从业人员做什么？机器就能够把银行工作全做了，而且做得比人还好。这只选股"阿尔法狗"为什么这么牛？其实，归根结底在于它可以不时地深度学习。它"吃"进去的是数据，但"吐"出来的，是日益完善的量化交易模型。简单来说，这个量化交易模型就是应用统计和优化等数学方法构建模型，寻觅相关的金融资产价格走势规律，之后将它转化成盈利。如今，这个代码为 AIEQ 的选股"阿尔法狗"做的就是持续不断地剖析美国挂牌股票，并且每天处置约 100万则企业公告、季度财报以及新闻等，然后搞出模型，指导人类的投资。比起人类，它处置数据的才能更强，而且它数据处置得越多，选股才能就更强大。

● **智能投顾**

智能投顾又称"机器人理财""机器人投顾"，是虚拟机器人基于客户自身的理财需求，通过算法和产品来完成以往人工提供的理财顾问服务。用户无须掌握太多市场和金融产品知识就可以使用该服务。智能投顾依托大数据的计算系统，通过机器学习与用户友好型界面相结合，提供可以和专业投资管理专家相媲美的投资顾问服务。

美国投资顾问公司 Betterment 是智能投顾的"开山鼻祖"，它以投资目标为导向制订投资计划，根据投资者的理财目标，推荐相应的配置组合，并持续帮助管理投资计划。在不同的投资目标之下，投资模型又设定了不同的目标收益范围，并针对股票组合和债券组合这两种类型资产设定了不同的配置比例。投资者可以依据推荐的投资组合为基础，自行调整各项的资金分配比例。

国内知名的好买机器人管家将"智能化"体现在投资的全程之中，让投资者即使一时无暇顾及，也可以安心投资。当资产配置情况出现偏离资产配置策略或市场走向的情形时，或者满足资产配置约定再平衡触发条件时，可以依据资产配置约定再平衡规则执行新的资产组合配置方案。好买智能投顾所拥有的"个性投资，私人定制；组合投资，分散风险；智能投资，自动调节；理性投资，遵守纪律；长期投资，合理回报"五大优势，让它在财富管理市场上有了更为广阔的发展空间。

（资料来源：引自百度百家号《追本溯源看智能投顾的"前世今生"》，内容有删减。）

• 风险防控

银行、保险等金融机构对于业务开展中存在的信用风险、市场风险、运营风险等几个主要的风险类型历来高度重视。而相关风险防控体系需要依赖大量高维数据进行深入分析，在这方面，基于深度学习的现代人工智能算法与人类分析员或传统机器学习算法相比，有着先天的优势，即可以对更为复杂的风险规律进行建模和计算。

人工智能已经成为了金融风险防控的关键要点。以贷款逾期为例，针对逾期风险较高的人群银行或金融机构会去做重点催收，而现在判断的标准主要来源于手上的内部数据，外部数据怎么办呢？通过人工智能技术可以跟踪手机内安装的多个贷款类 APP，如果发现运用非常活跃，可以作为高风险的参考依据。人工智能甚至可以延伸到查看并分析其朋友关系群来做更好的风控。

百度金融中的安全防护是百度金融科技创新技术之一。比如，百度针对信贷业务中的黑中介、中介辅助的欺诈行为进行防范。当申请人群关联度非常高时，就能发现其中的风险点，因为只有黑中介能把这些人串联起来。

（资料来源：引自 21 世纪经济报道《百度黄爽：输出金融科技能力，开放金融服务平台》，内容有删减。)

● 安防与客户身份认证

银行各个办公地点可以利用新一代的人脸识别技术，对往来人员进行身份甄别，确保没有坏人进入敏感区域或者保密区域。

百度在人脸识别方面经历了从实验室到金融场景应用的过程。这一技术输出给合作伙伴泰康人寿，用户在注册、投保时，通过人脸识别来判断是否是本人线上填写资料。百度人脸识别服务提供高精度的识别效果和可靠的性能保障，助力金融保险、旅游等行业大幅提升运转效率、降低业务风险，同时保障最终用户的隐私安全。

（资料来源：引自百度第 69 期技术沙龙《百度人脸识别技术解析及典型行业应用》，内容有删减。）

● 智能客服

银行、保险、证券等行业为确保客户服务质量，一般都会建立大规模的呼叫中心或客服中心，雇用大量的客服人员，利用电话、网站、聊天工具等来解答问题。随着支持语音识别、自然语言理解和知识检索的人工智能客服技术逐渐成熟，金融行业的客服中心会慢慢引入机器人客服专员，由人工智能算法代替工作人员，并最终建立全智能化的客服中心。

阿里巴巴旗下蚂蚁金服的智能客服颇具特色，2015 年"双十一"期间，蚂蚁金服95%的远程客户服务已经由大数据智能机器人完成，同时实现了100%的自动语音识别。当用户通过支付宝客户端进入"我的客服"后，人工智能开始发挥作用，"我的客服"会自动"猜"出用户可能会有疑问的几个点供选择，这里一部分是所有用户常见的问题，更精准的是基于用户使用的服务、时长、行为等变量抽取出的个性化疑问点。在交流中，则通过深度学习和语义分析等方式给出自动回答。

（资料来源：引自凤凰财经《蚂蚁金服解密独门武器：95%智能客服100%自动语音识别》，内容有删减。）

● 精准营销

人工智能可以为银行的潜在客户进行精准的画像，根据潜在客户曾经的购买行为、个人特征、社交习惯等，将潜在客户分为若干种类别，并为每一种类别的潜在客户匹配最适合他们的金融产品。

马上消费金融股份有限公司（以下简称"马上金融"）是一家为中国国内居民提供个人消费金融服务的互联网消费金融公司，本着"为百姓服务"的价值观与"让生活更轻松"的愿景，致力于成为最被信赖的金融服务商。马上金融注重针对不同客户群、不同需求的产品定位和精准营销。马上金融经过精细化的用户画像分析、精准化营销策略和方法以及智能推荐系统实现定点获客，降低成本。

（资料来源：引自融360《马上贷的利息是多少》，内容有删减。）

制造业：模块化与个性化设计、
智能化分析、供应链优化

纵观历史，制造业在采用新技术推动业务发展方面一直是佼佼者，从蒸汽机到电力机，再到计算机，莫不如此。所以，制造业企业引入人工智能，将会是中国制造业发展的一个新机遇。制造领域里面讲的模块化设计、个性化设计及供应链优化等都需要人工智能技术支持。智能制造业离不开人工智能，制造业需要研究和利用人工智能，以实现制造业的智能化与创新，因此可合称为"智能制造"。下面，我们就从智能制造的角度深入了解上述几个方面。

● 智能制造的模块化设计

模块化是时代的需求，是市场经济的产物，是一种新的标准化形式，也是一种现代化设计方法。模块化还是智能制造能否实现低成本、满足个性化消费的关键所在。模块化是从系统观点出发，研究产品或系统的构成形式，用分解和组合的方法建立模块体系，并运用模块组合成产品或者系统的过程。其特点是目的性、综合性、动态性和超前性。也就是说，建立一个模块化系统，必须要有明确的目的，综合考虑各种相关因素，根据市场需求和变化及时调整和更新，及时采用新技术确保模块化系统的先进性。

著名服装品牌报喜鸟从 2014 年下半年开始启动"云翼互联"智能化项目，对流水生产线进行了智能改造，依托工业智能化手段，做大规模的个性化定制。在数据化、部件化、模块化进行智能生产的同时，生产过程仍然是批量化、规模化的。但在智能协同的流程中做到了部件装配个性化，效率得到了极大的提升，同时也满足了用户的个性化需求，每件衣服都可以不同。与传统手工定制相比，智能生产效率可以提升 6 倍；与大流水线生产相比，智能生产效率提高 50%。

报喜鸟定制成衣的制作流程：

第一步，用户下单后，公司会派专业量体师上门服务，度量出 20 个左右的身材数据。相关数据会被直接传输回总部生产中心，进行信息流分流。一方面，数据信息传入 CAD 智能组，进行制版过程，生成数字化可操作版型；另一方面，信息传入可原料仓库，仓库会据此整理出用户需要的面料、面辅料、纽扣线、拉链等。

第二步，来到定制生产线上，一套衣服会被拆成挂面、后背、袖子、领子、大身五个部位。每个部位的裁片会挂到智能"衣架"上，进入智能吊挂系统，然后进行缝制，通过将个性化的部件标准化，满足用户个性化的需求。相同的工人制作相同的工艺，一个工人只负责缝制衣服的一个部位，大大降低了工人制作的复杂度。同时，当一个部位缝制完成时，可以在本部件缝制工位及时检验，提高了服装部件的品质的稳定性。

第三步，同样颜色、同样工艺的衣服部件，经过智能匹配，运送到同一个工位上完成。免去换线、换工艺的麻烦，效率自然就提高了。挂面、领子、大身等部位也都按照这种方式制作。这些部位在做完后会统一进入筛选区，智能吊挂系统会对衣服部件进行自动匹配，大身是所有部件的核心，当一件衣服的大身做好时，它需要的领子、袖子会流到大件与之匹配。这样就解决了人工拼接效率低的问题。

（资料来源：引自纺织人才网《报喜鸟靠智能生产功率升6倍，他们赢在了规划、技术及生产？》，内容有删减。）

报喜鸟智能制造的核心是"模块化设计+模块化生产+智能化协同"，确保一人一版，一衣一款，一单一流，经过精准自动裁床、自动缝制、智能吊挂等系统完成生产全过程，从而为用户提供了更好的定制体验，也奠定了其全品类私人定制业务的优势。

● 智能制造的个性化设计

现在的智能制造已经不再以制造端（企业的生产力）为起点，而是将客户端（消费者的需求）作为整个生产链的出发点。从客户端的需求出发提供定制化的产品和服务，使得整个生产链各个环节实现协同优化，从本质上说是产业视角的转变。在这方面，上海海立（集团）股份有限公司（以下简称"海立"）做出了有益的探索。

海立在国内制冷压缩机行业始终保持领先地位，其个性化设计独树一帜。海立研发人员的设计理念是通过功能化数字样机进行概念设计，并辅之以各种仿真软件进行数字试验。通俗来讲，就是客户提出需求，压缩机设计开发平台提供从压缩机结构定型、性能仿真、方案优化、样机匹配等一体化解决方案，通过空调与压缩机上下游的交互和大数据分析，以实现产品的最优设计。

（资料来源：引自搜狐科技《智能制造系列之二——个性化设计为海立"智"造打造定制平台》，内容有删减。）

可以说，海立的个性化设计是以用户为中心，用户需要的产品一旦确定，就层层开展各个配套零部件的设计和匹配，为用户提供了标准化模块供用户组合，吸引用户参与到设计、生产的环节中来。这种个性化设计凭借个性化营销捕捉用户的多样化需求，然后通过智能制造实现多品种的快速生产，是围绕用户展开的一种全新的商业模式。

● 智能制造的供应链优化

供应链优化可理解为在有约束条件或资源有限的情况下的决策方案。智能制造供应链优化的核心是运用人工智能技术，从供应商到最终用户实施计划和控制。在这方面，制造业的代表企业上海汽车集团股份有限公司（以下简称"上汽集团"或"上汽"）是个典型，他们运用人工智能技术，在汽车物流供应链方面采取了有效的解决方案。

上汽集团每年生产600多万辆汽车，每辆汽车有1万多个零部件，这么多零部件的供应，就是通过他们的供应链网络在运作，这是极其复杂的。还有上汽—安吉的整车物流也非常庞大，上汽的整车物流属全世界最大，一年要运输800万辆车，遍布全国500多个城市，经过4000条公路，20条铁路，包括5000多个运输节点，在运输的时候要满足150多个不同的运输需求和约束条件。传统的人工智能技术无法解决这个难题，而基于云计算、物联网和大数据及深度学习基础上的人工智能就能够解决这个难题。所以，这个复杂的、大规模的，基于中国特定的实际应用场景的人工智能解决方案，规模和难度都是世界级的，极具挑战性。

上汽集团的汽车物流供应链人工智能解决方案立足于国内领先的"智慧物流云"建设，基于集团云计算和大数据平台，采用主流的"云""管""端"架构模式。"云"是指云端的超大规模的、分布式的、深度学习的人工智能平台，是整个智慧物流的大脑。随着业务的发展，将由成百上千，甚至上万台服务器组成。"管"是指智能数据总线。负责从各业务系统、主数据平台、大数据平台获得人工智能深度学习模型训练所需要的数据。"端"是指智能终端，是加载在各物流移动终端、各业务子系统上小规模的嵌入式人工智能系统，是人工智能落地的载体。

这个人工智能解决方案的思路是：

第一步是监督学习，通过大量的物流大数据和沙盘推演，让这个人工智能系统学会汽车物流管理者的经验和知识；

第二步是进行强化学习，通过强化学习弥补人类在物流管理上的不足；

第三步是达到完全的强化学习，让这个人工智能系统可以自己做规划，自己做决策。

在这个思路之下，将来上汽—安吉物流的每一辆物流车、每一个司机、每一艘货轮、每一个仓库、每一个中转站都是上汽—安吉"物流大脑"的一部分，它们在物流大脑的复杂的人工智能算法指导下，实现高效的物流供应链运作。上汽—安吉这个深度学习的物流供应链人工智能平台支持的是全国1/4的汽车物流供应链运作，每年的营业额将近2500亿元。

（资料来源：引自百度百家号《算法不能帮你算出今夜赢家，但能赋予供应链以智慧》，内容有删减。）

供应链的本质其实是连接，谁掌控这个连接，谁就拥有主导权。汽车物流供应链也是连接，但是汽车行业的供应链可以说是最复杂的连接，也是规模最大的供应链。上汽集团的汽车物流供应链人工智能解决方案的意义非同一般，堪称中国工业互联网领域中一个非常典型的"中国制造 2025"人工智能项目！

教育：智能评测、个性化辅导、儿童陪伴等应用场景

人工智能进入教育领域最主要的是能实现对知识的归类，以及利用大数据的搜集，通过算法去为学生计算学习曲线，为使用者匹配高效的教育模式。智能教育主要体现在个性化学习、自动化辅导、智能评测、教育决策以及智能化早教等场景。

● 个性化学习

当我国"因材施教"的传统思想与尖端科技相结合，个性化学习的可行性就得到了大幅提高。人工智能介入后，个性化学习有以下两条实现途径：

一是构建和优化内容模型，建立知识图谱，让用户可以更容易、更准确地发现适合自己的内容。国外这方面的典型应用是分级阅读平台，能够推荐给用户适宜的阅读材料，并将阅读与教学联系在一起，文后带有小测验，能够生成相关阅读数据报告，老师得以随时掌握学生的阅读情况。

奇速英语是中国英语快乐涨分领先品牌，中国在线教育百强、连续三年的 CCTV 英语电视大赛四川赛区组委会单位，其初衷是"循序渐进与越级提升相结合，满足读者学习共性和个性需求"。奇速英语独创的奇速英语单词速记法（思维导图或故事记单词）、快速阅读法、黄金语法口诀法、话题满

分作文法、高效满分解题法等学习方法，在英语应试、大赛选拔方面经验丰富。奇速英语推出的"奇速英语个性化进阶阅读"系列，集其多年研究成果和奇速英语在线学习平台优势之大成。在线全方位测试包括词汇、语法、理解在内的阅读综合能力，大数据科学分析阅读水平，推送量身定制的个性化阅读30天学习包，内容均精选自中高考阅读理解材料。其中丰富的时文、美文阅读与趣味阅读，有利于增进学生的阅读兴趣，助力其养成受益一生的良好习惯。闯关失败则反复阅读，适当地引导学生建立良好的阅读方法，由易及难，步步进阶，不同英语水平的学生都能越战越勇。

（资料来源：引自新浪博客《前瞻性推出个性化进阶阅读，奇速英语微观探索国家英语能力等级考试》，内容有删减。）

奇速英语的个性化分级理念和思路与国家英语能力等级考试和量表的设计思路不谋而合，一脉相承，是对国家英语能力等级量表及考试的微观探索。

二是自适应学习，实现智能化推荐。所谓自适应学习，就是搜集学生的学习数据，预测学生的未来表现，智能化推荐最适合学生的内容，最终高效、显著地提升学习效果。推广自适应学习的意义不是在于所有学生都能遇到好老师，而是能让没有好老师的学生也获得优质的教育资源。在我国，自适应学习更有存在与发展的必要性，能改善地区、群体间教育资源分配失衡的状况。

猿题库是一款手机智能做题软件，已经完成对初中和高中六个年级的全面覆盖。猿题库针对高三学生还提供了总复习模式，内容涵盖全国各省份近六年的高考真题和近四年的模拟题。并匹配各省考试大纲和命题方向，可按考区、学科、知识点自主选择真题或模拟题练习。猿题库通过智能算法对学生的学习数据进行分析和挖掘，利用自适应学习工具准确评估每一位学生的能力，从而满足其个性化的学习需求。

（资料来源：引自内推网《猿题库是一款手机智能做题软件，覆盖初高中所有课程》，内容有删减。）

• **自动化辅导**

人工智能除了应用于个性化学习方案的制订外，还落地在自动化辅导和答疑领域，这也成为了教师课外辅导的补充。

好未来是国内首家上市的中小学教育机构。在央视报道中，好未来的两项创新科技产品——表情识别技术"魔镜系统"和虚拟实验室为现场人员带来了别开生面的互动体验。"魔镜系统"基于人工智能科技，能够借助摄像头捕捉学生上课时的举手、做练习、听课、喜怒哀乐等课堂状态和情绪数据，生成专属于每一个学生的学习报告，既能用于辅助老师随时掌握课堂动态，及时调整授课节奏和方式，又能给予每个孩子充分的关注。将科学实验室变到屏幕上，一个鼠标就可以调动所有的实验器材，既轻松又生动，还可以规避一切操作风险。通过这个教学软件，物理、化学、生物等实验都能直接演示，与常规的现有电教设备相结合，更能充分提高教学效率，培养学生的探究能力。

（资料来源：引自互动百科"好未来"，内容有删减。）

不难看出，好未来的教育科技产品，给传统的中小学课堂教学带来了革命性的改变。更为重要的是，好未来"用科技推动教育进步"不再满足自身的课外辅导教学需求，而是面向国内中小学教育、教学提供全新的应用。好未来不局限于课外辅导市场的占有，更期望"敲开"公办中小学校的校门。

• **智能评测**

在求学期间，老师长时间改作业到深夜的场景深深印在众人心中。随着信息化建设、人工智能的发展，大数据、文字识别、语音识别、语义识别，使得规模化的自动批改和个性化反馈走向现实。如何利用人工智能减轻批改压力，实现规模化又个性化的作业反馈，是未来教育的重要攻克点，也是国内外众多企业看中的市场。在智能评测方面，科大讯飞做得比较成功。

科大讯飞的英语口语自动测评、手写文字识别、机器翻译、作文自动评阅等技术已通过教育部鉴定，并应用于全国多个省市的高考、中考、学业水平的口语和作文自动阅卷。而基于大数据的类人智能关键技术与系统的阶段性成果构建的"讯飞教育超脑"已在全国70%地方城市的1万多所学校应用。

（资料来源：引自观察者《科大讯飞董事长刘庆峰：新加坡94%的中小学都用了我们的系统》，内容有删减。）

● 教育决策

中国学生教育决策失误率很高，尤其体现在选择大学学校以及专业时。如果能够搜集海量数据提供决策基础，人工智能算法就能帮助学生找到最优理论路径，从而选择更适合的学校、专业。

iPIN是一家商业智能公司，他们帮助高考生填报志愿的方法是让机器学习上亿人的成长轨迹，学会人类职业成长的模式，然后用他们的轨迹去指导毕业生规划人生，找到里面的捷径。其中涉及的数据有各省政策、招生计划、录取数据、职业测评体系、就业情况、男女比例等。2016年iPIN与新东方达成战略合作协议，发布了三款人工智能机器人，其中之一就是高考志愿机器人，三步走实现指导：测录取率、自我测评、智能机器人匹配方案。

（资料来源：引自搜狐科技《人工智能在教育中的应用"AI+传统行业"全盘点》，内容有删减。）

● 智能化早教

幼儿早教是四类教育（其他三类分别是K12、高等教育和职业教育）的第一类。有业内人士表示：早教的未来在移动和智能。目前人工智能在儿童早教方面的应用十分广泛。比如早教机器人，就是能够提供幼儿早教，帮助开发幼儿潜能、促进孩子培养学习兴趣的教育类电子产品。

小忆机器人（以下简称小忆）是由360生态链成员金刚蚁公司出品，主要针对学龄期儿童，培养孩子的学习习惯，同时在父母不在身边的时候陪伴孩子玩耍。小忆主要有如下四大功能：第一，全自然语音对话。可以通过语音与小忆聊天，让小忆唱歌、讲故事、跳舞等，而且这并不耽误小忆的"听力"，所以可对其随意打断，交流更顺畅。第二，可以拍照、录像。主动捕捉生活中的精彩瞬间，然后在云端会把图片及视频素材进行加工，并推送给家长。第三，可视频通话。随时随地跟家人沟通，支持语音呼叫。第四，互动教育。与传统内容教育不同，小忆主要是在游戏中加入教育，寓教于乐。小忆主要应用于家庭场景，其主动聊天、抓拍、自我学习，以及融合教育元素的互动，让小忆在家庭中不仅仅扮演一个机器的角色，更是一份陪伴以及成长的责任。而其设计小忆的初衷也是"希望让孩子有一个可以一起成长的伙伴，让童年不那么孤单"。

（资料来源：引自中国新闻网《科技感与卖萌兼得 360小忆机器人亮相世界互联网大会》，内容有删减。）

当前市场上的早教机器人产品有很多，主打的功能都是针对当前幼儿父母的痛点来的。比如：可以根据孩子的年龄段来设置教育内容，为孩子念诗、唱儿歌、讲故事以及课程辅导等，全方位训练儿童的学习能力；安装有智能摄像头，让父母可以随时监控孩子的情况，在遇到紧急情况的时候，警报提醒；还可以通过WiFi连接，让父母和孩子能通话和视频；等等。除此基础功能之外，一些比较高端的早教机器人还具备了语音互动系统，不仅可以识别语音指令并迅速做出反馈，还可以和孩子进行流畅自如的"对话"，比如互问互答、脑筋急转弯、成语接龙、智能对话、语音点歌、语音点故事等。在娱乐的同时还能锻炼孩子的语言知识能力，相比于其他，这个功能显然更"高级"。

由此可以看出，个性化学习、自动化辅导、智能评测、教育决策以及智能化早教等人工智能技术在教育领域的应用，正在改变着教育行业的现在，也让我们更期待未来。

交通和环保：借助人工智能实现"数字化"

交通和环保领域人工智能技术的应用，已经实现了商业模式的延展，取得了显著效果，并由此引发了经营方式和管理方式的巨大变革。阿里云就是这方面的一个代表。

在 2017 年 6 月 10 日举行的云栖大会·上海峰会上，阿里云正式发布了"图像识别"和"人脸识别"两项视觉智能服务，其准确率打破了世界纪录。该项服务令利用视觉智能对手机相册进行管理、分类及分享正逐步成为现实，用手机拍下朋友的相片，软件会自动识别进行分类并将照片发送给朋友。阿里云的人脸识别技术已经实现了人脸检测、器官轮廓定位、一对一人脸认证和一对多人脸识别等多个功能。由于采用了机器学习、卷积神经网络等技术，阿里云的人脸识别在 LFW（人脸识别领域最重要的数据集合）上识别率超过 99.5%，可以就体验者的身份证照片和本人面部图像进行迅速比对。目前这套系统已经应用于机场通关等场所，从而极大地提高安检人员的工作效率。目前，阿里云已经将视觉智能技术应用于城市交通。城市交通可以对摄像头传输的交通视频进行实时分析，为每个路口实时设置不同时长的红绿灯，从而缓解交通拥堵。

事实上，这套系统就是采用了世界领先的深度学习技术人工智能ET，可以实现对通用图片的识别，准确度达到96%以上。水果、蔬菜、交通工具、植物、动物等上千种物品的识别对于ET来说都不是问题。ET还可以识别出物体所在的场景，比如在室内或者草地、天空等。

"ET背后是阿里云飞天的强大计算能力和丰富的人工智能算法，比如ET环境大脑，它集成了全球各类自然环境信息，可构建出一个数字化的地球，能够分析全球植被绿化变迁、自然灾害监测、极端天气预警等。它能够发现卫星图像背后的环境密码，可以将气温、风力、气压、湿度、降水、太阳辐射等信息进行交叉分析。"阿里云人工智能科学家闵万里表示。比如雾霾，目前ET环境大脑支持对雾霾的智能预测，可以为雾霾形势判断和应对提供信息服务和技术支撑。这款环境大脑，是一套应对全球环境恶化的技术方案。简单来说，它和你整天戴手环把一个活的你转化成步数、热量、心跳、睡眠质量一样，使得城市服务和环境治理没那么复杂。环境大脑目前已经在一些城市进行了试用，为产生污染的企业和处理污染的企业搭建一个平台，全程监控污染从产生到处理的路径。

"环境大脑首先会根据垃圾处理原则对企业建立综合的评估模型，进行监测，在发现异常废物处理时及时申报。这样一来就可以把恶性偷排扼杀在摇篮里，避免污染已经产生了再去执法。"闵万里说。随后，环境大脑要做的就是实时监控废弃物的转移过程，一旦发生路线偏移、危险驾驶，或是靠近居民区，系统就会进行预警。也就是污染在产生的时候就会受到环境大脑的监控，并且监控会一直持续到污染被消灭。

除了针对特定问题的处理，环境大脑还可以执行一些环境研究员的任务，对更广阔的生态环境做一些调研，比如，整个南太平洋地区哪个水域三文鱼最好吃，或者呼伦贝尔奶牛的生长情况。

（资料来源：引自上海金融新闻《人工智能将引发产业重构》，内容有删减。）

• 人工智能是在智能交通领域的应用

目前，政策层面对智能交通的关注度日益提高，同时随着交通卡口的大规模联网，汇集了海量车辆通行记录信息，利用人工智能技术，可实时分析城市交通流量，调整红绿灯间隔，缩短车辆等待时间等举措，提升城市道路的通行效率。

人工智能分析及深度学习比较成熟的应用技术以车牌识别算法最为理想。比如，在车牌颜色识别方面采用人工智能、深度学习的应用，基本上克服了由于光照条件变化、相机硬件误差所带来的颜色不稳定、过曝光等一系列问题，因此解决了图像颜色变化导致的识别错误问题。卡口车辆颜色识别率从80%提升到85%，电警车辆主颜色识别率从75%提升到80%以上。另外，在车辆颜色、无牌车检测、非机动车检测与分类、车头车尾判断、车辆检索、人脸识别等相关的技术方面，人工智能也比较成熟。

除了车牌识别，人工智能驱动的交通更加智能。比如：智能交通信号系统以雷达传感器和摄像头监控交通状况，然后利用先进的人工智能算法决定灯色转换时间，通过人工智能和交通控制理论融合应用，优化了城市道路网络中的交通流量；人工智能的警用机器人将取代交通警察，实现了公路交通安全的全方位监控、全天候巡逻、立体化监管；在城市交通方面，人工智能算法可以根据城市民众的出行偏好、生活、消费习惯等方式，分析出城市人流、车流的迁移与城市建设及公众资源的数据，基于这些大数据的分析结果，为政府决策部门进行城市规划，特别是为公共交通设施的基础建设提供指导和借鉴；无人驾驶和汽车辅助驾驶非常重要的一个技术点就是图像识别，通过图像识别前方车辆、行人、障碍物、道路以及交通信号灯和交通标识，这项技术的落地应用将给人类带来前所未有的出行体验，重塑交通体系，并构建真正的智能交通时代。

总之，人工智能技术的应用，已经实现了公路交通运行状态"看得见"、车辆通行轨迹"摸得透"、重点违法行为"抓得住"、安全隐患事件"消得了"、路面协作联动"响应快"、交通信息应用"服务优"等目标。

• 人工智能在环保领域的应用

随着科学技术日新月异地发展，有越来越先进的传感技术和测绘技术被应用于环境保护。随着人工智能技术的不断发展，它在环保领域的延伸也变得不容小觑。

通过利用人工智能相关的认知技术，可以助力于为消费者提供更多适合可持续性发展的能源和产品。比如，风力发电等可再生资源的应用固然于环境有利，但是其不稳定性却也给人们带来了困扰，如何预测并对其加以应用一直是需要我们破解的难题。因此，越来越多的电力公司开始逐步摒弃传统的火力发电模式，转而利用人工智能相关的认知技术，来开发更精确、更自动化的太阳能和风能可再生能源预测系统，将先进的天气预报模型和认知自学能力结合在一起，开辟自身的可再生能源应用业务。

在家居环保方面，消费者安装的智能家居产品可以自动促进环保生活。比如，智能家居设备制造商 Nest Labs 生产的智能恒温器会根据外部温度和湿度自动调节室内温度，这些设备使用 WiFi 连接来检查室外的天气情况，并进行相应的调整，每年可为你节省 10% 的供热和 15% 的制冷开销。

此外，智能灌溉控制系统针对机井分布情况、灌溉区域的不同，提出不同方式的组网方案，实现了农业用水计量、水资源信息的自动化采集和测控；智能害虫控制系统利用图像识别技术来识别和对付害虫，而不损害周边的自然环境，等等。

人工智能技术的应用，使绿色环保正变得比想象的更容易。尽管解决气候变化影响的解决方案还在继续研究中，但是像上面提到的可再生能源预测系统、智能家居、智能灌溉控制系统、智能害虫控制系统等，正在形成绿色生产方式和生活方式，已经进入人们的生活。

媒体和广告：人工智能的完美实践基地

媒体和广告是受人工智能影响较大的行业。人工智能在媒体和广告行业的应用，节约了广告投放成本，简化了市场营销活动流程（通过自动化程序），通过个性化定制提高了用户参与度，也使得投资回报的预期变得更有吸引力。事实上，无论是在应用场景上，还是在沟通方式上，抑或是在营销过程中，媒体和广告已经成为了人工智能的完美实践基地。

● 人工智能在媒体和广告中的应用场景

人工智能在媒体和广告方面的应用非常广泛，从广告定向、内容管理和创建、动态定价、欺诈预防、用户行为预测和产品推荐，到程序化购买、销售预测，再到个性化网页、APP 制作等。通过不同人工智能技术的结合，用户体验将会提升至新的高度。

想象一下这样的场景：

一位顾客进入商店，而商店的图像识别系统能识别他的打扮风格。这项资料随后被输入其他系统，并通过其他相同风格顾客喜好的数据来为这位顾客推荐特定的商品或颜色，或通过店铺内的屏幕为他展示符合他喜好的商品内容。还能加入更多的数据到他的顾客档案（如媒体消费习惯、社交媒体活动等），品牌随后还能通过个性化的内容重新定向投放内容给他，从而在恰当的时间用最合适的渠道发布相关的信息。

● 人工智能在广告中沟通方式的创新

传统的横幅、标语、旗帜、大字标题等广告形式都是单向的传递信息。用户想要了解更多信息，或者想要表达自己的想法和意见都是无法做到的，而通过语音互动广告、跨屏营销、视频场景营销等人工智能技术创新，就可把广告主和用户连接起来，让广告从单向传播变为双向沟通，让广告能听、会说、会思考。

我们首先来看一下语音互动广告。在播放广告过程中，正常 30 秒的广告在播放 5 秒的时候，会通过语音问用户一个问题，用户也通过语音来回答。如果用户回答正确，那么语音技术就能帮用户把这个广告跳过去。从用户角度来说，用户节省了时间，是他们乐于使用的；从广告主角度来说，虽然广告时间缩短了，但是广告传播的目的达到了。用户为了能够正确回答问题，就会更加注意广告的内容，并且在回答问题的过程中，用户会有一个思考的过程，会进一步加深对品牌和产品的认知。目前，这种借助于移动设备上自带的麦克风、陀螺仪等附属设备的语音互动广告，越来越受到广告主的重视。

其次，跨屏营销是移动互联网时代下大家一直在探讨的问题。因为现在"一人多设备"的问题相当普遍，很多人都会有很多的上网设备，如何定位一人多设备的场景，是业界的一大难题。目前业界已经有一些解决方案，比如通过 IP 地址，你今天上午在上班，你的手机和办公电脑是一个 IP，晚上回到家用 WiFi，手机和家里的电脑又是一个 IP，我基本上可以判断你是同一个人，这是一种解决方案。但是这还不够精准，借助声纹识别技术则精准得多，因为声纹跟指纹一样是独一无二的，通过声纹可以判断出是不是同一个人，通过一个人的声纹 ID 技术，就可以把这个人和多设备很好的关联起来，做到跨屏营销。

最后，再看一下视频场景营销，一般是指运用视频打点技术对视频的内容做分析，包括电影里面的关键对话内容，还有场景里面出现的图像画面，通过这项技术可以在相应画面或语音出现的时候推送相对应的广告。比如电影《速度与激情》中范迪塞尔的小背心，当观众识别视频中的小背心以后，就给他推送一个电商广告：范迪塞尔同款背心。再如电影《疯狂的石头》中有这么一段内容，黄渤和他的同伙在谈论饮料中奖。对此，可以通过视频转写技术识别出他们是在讨论喝饮料中奖，也可以通过图像识别技术识别出里面的饮料是可口可乐，在这个场景下就可以给他推送一个"可口可乐开罐赢大奖"的活动。

• 人工智能在营销广告中的应用

营销广告已经受到人工智能发展带来的巨大转变，同时营销人员又受益于技术带来的生产力提高。来看一个具体的例子：

沙宾特咨询公司是法国广告巨头阳狮集团（Publicis）旗下的一家领先的咨询和技术服务公司。为全球的用户规划、设计、实现和管理信息技术，帮助他们提高业务性能。该公司设置了人工智能部门，目前正在围绕人工智能与大数据实现业务转型。这家公司的人工智能项目主要包括：一是自动化与数据处理。营销人员可以使用人工智能技术来创建会话工具，如语音助手和聊天工具，并加速自己组织内部的自动化任务。在程序化方面，营销人员可以利用机器学习和自然语言处理，在个人层面压缩海量数据集，以进行更有针对性的媒体购买。营销人员通过机器学习算法，还可以帮助用户预测即将上映电视剧的收视率。二是选择媒介渠道。营销人员可以在渠道之间进行选择，免得浪费媒介预算。三是重新思考营销策略。这家公司的人工智能团队还帮助用户重新思考他们的营销策略，并将媒体费用从产品和利润表转移到面向受众的洞察。

（资料来源：引自微口网《人工智能究竟是广告公司的梦魇，还是得力助手？》，内容有删减。）

沙宾特咨询公司利用人工智能技术创新，把传统营销流水线作业模式中的"艺术"成分彻底商品化，代替了咨询公司内部的传统分析模式，结果使营销活动不再是一件昂贵且耗费人力物力的工作，而是更为精准，能将每一项因素都量化，从而满足用户的工作需求。这是人工智能在营销方面成功应用的一个范例。

人工智能技术提高了品牌在渠道和广告系列中与消费者互动的精准度和个性化，因此在营销方面的用途似乎是无止境的。就目前来看，人工智能技术在营销中的应用主要体现在以下几个方面：

（1）营销分析。当前很多企业的营销是没有经过分析的，在人工智能时代，机器通过对用户的行为习惯、年龄、教育程度、消费习惯、社交特征等进行数据分析后，做出精准而个性化的判断。

（2）营销策划。人工智能通过对以往客户数据进行分析后，再按照过去成功的策划案学习，然后针对市场制作一份有针对性的策划案，并以此来吸引新客户以及稳固老客户。

（3）搜索引擎营销（SEM）竞价排名。人工智能通过对用户的分析后，还可协助广告定位，并且是再营销和营销自动化的力量。在搜索引擎等按点击付费广告（PPC）中，人工智能可帮助多个品牌的营销人员优化实时出价流程，以便在线定价和个性化广告。营销人员可以改进其PPC，以更好地定位某些客户特征，并针对特定客户群体个性化内容，从而帮助营销人员执行PPC广告活动。

（4）在线客服。在淘宝购物过程中，你可能不知道你的沟通对象是人还是机器，智能聊天机器人将在那里回答你的问题。手机内置的机器人将让营销人员能够预测客户的行为和偏好，很快这些行为和偏好将成为数字体验的组成部分。通过使用它们，营销人员可以与客户建立更强的关系。

（5）营销售后。大量的销售数据为营销人员带来了挑战和机遇。通过使用人工智能技术，营销人员可以挖掘和优化销售数据，以更好地洞察客户，最重要的是预测客户的未来行为。

总之，人工智能在媒体和广告方面的应用广泛，为用户带来了前所未有的体验，并创新了广告主和用户的双向沟通方式，也帮助了营销人员创建高影响力的内容，自动执行日常任务，并从数据中获取关键洞察。

安防：依靠视频智能分析采取安防行动

长期以来，安防系统每天都产生大量的图像以及视频信息，处理这些冗余所需人力成本较高且效率非常低。而人工智能安防实际上是要解决安防领域数据结构化、业务智能化以及应用大数据化的问题。就智能安防领域来看，它的应用场景有很多，比如整合门禁系统、楼宇对讲系统、安防系统等，从小区大门、楼宇通道门、业主入户门及室内阳台、窗户、烟雾、老人紧急求助进行全程跟踪。总的来看，主要应用是依靠视频智能分析技术，通过对监控画面的智能分析来采取安防行动。

● 边缘计算大幅提升视频分析速度

视频云计算技术是推动视频监控的关键。从概念上看，视频云计算是基于云计算技术的理念，采用视频作为"云端"向"终端"呈现处理结果的一种云计算方案。简单来说，视频云计算就是一个对超大型视频数据的存储、调用、处理的计算能力，通过该技术可以在超大型数据平台中，快速查找并使用所需视频数据，具有实时可控、高速处理、资源共享等特性。

如果说视频云计算技术是查找、调用数据的关键技术，那么边缘计算对视频图像进行预处理的计算，便是对视频分析速度的进一步要求。边缘计算是指在数据源的边缘地带完成的运算程序，它是未来智能场景中的重要部分。而作为边缘计算中的典型应用，安防行业的智能门禁在其中的分量不可轻视。

2017年12月21日下午，杭州海康威视与英特尔一起发布智能门禁产品——"明眸"，可以近景人脸识别家族，这便是边缘计算的一个典型应用。"明眸"采用基于多级卷积神经网络的深度学习算法、专业的视频图像采集处理技术、先进的前端数据分析比对逻辑以及英特尔高性能的智能芯片，让人脸识别时间小于1秒钟，并能保证优秀的精准度。海康威视对边缘计算的抢先布局，展示了国内对该技术应用的关注和前景市场的看好。

（资料来源：引自浙江在线《海康威视"明眸"发布"刷脸"让楼宇通行更智能》，内容有删减。）

• 人脸识别的是安防人工智能化的直接表现

人脸识别是用摄像机或摄像头采集含有人脸的照片或视频，对其中的人脸进行检测和跟踪，进而达到识别、辨认人脸的目的。在安防行业，人脸识别除了视频监控外，还可植入出入口闸机、智能锁、可视对讲、门禁、报警等产品中，形式丰富多样，逐渐成为安防企业布局的新商机。

2017年9月13日，苹果iPhone X面世，其所搭配的人脸识别功能，不仅可以解锁手机，还能进行Apple Pay支付，给消费者提供了极大便捷与科技感，引起了市场的追捧。这项技术不同于现在安卓机使用的红外识别，它通过iPhone 8正面顶部"刘海"的摄像头、传感器、投影仪等一系列设备进行面部识别和解锁，速度非常快。iPhone X解锁时，用户只需看它一眼即可，但用户闭着眼睛时不会解锁；用户在戴帽子、戴眼镜情况下人脸识别依然可以使用，但无法通过照片来糊弄过去。

（资料来源：引自搜狐科技《从 iPhone X 的 Face ID 深挖人脸识别的前世今生》，内容有删减。）

安防行业涉及各行各业、千家万户，它发展升级所必需的新技术，更显得分散而关键。但无论如何，安全是目的，防范是手段，安防行业最终是要给到用户安全、舒适、便捷。

个人助理：通过人工智能系统实现人机交互

人工智能系统在个人助理领域的应用最广泛、最成熟。即通过智能语音识别、自然语言处理和大数据搜索、深度学习神经网络，实现人机交互。个人助理系统在接受文本、语音信息后，通过识别、搜索、分析等进行回馈，返回用户需要的信息。

市场研究和咨询公司创始人兼首席分析师鲍勃·奥唐纳说："随着语音助理的普及，这种技术被应用于各种设备上，从灯具到电视，再到汽车和其他设备。此外，继最初的单个音响实验之后，许多人开始将智能音响放在家里各处。结果在 2018 年的某个时候，很多个人助理用户都可以同时访问多个智能助理，通常是在多个平台的智能助理；同年，供应商还可能让人为不同的助理自定义触发词，让他们开始聆听。"

此外，福布斯还认为，人与机器的交互会全面转向语音，在自然语言生成和自然语言处理算法不断进步下，机器能更好地理解人类意图，并用人类可理解的方式进行交谈。

NVIDIA 高级研究科学家 Alejandro Troccoli 也表示，人工智能个人助理将变得更为智能，更了解自己的"主人"，能知道厨房有什么、在周几做饭，甚至回家前就下单备好了食材。

从这些科学家的言论不难看出，2018 年已经成为智能音箱采用的一个重要元年，人工智能助理的采用将是科技领域的下一个重大事件。那么，人工智能助理在 2018 年为我们准备了什么呢？这里，我们就通过以下几个案例来说明。

● 苹果的智能扬声器设备

2018 年苹果发布自己的智能扬声器设备——Home Pod，这是一个由人工智能助理提供支持的智能音箱，具有令人印象深刻的音质。为了配合语音控制功能，Home Pod 搭载 6 个麦克风阵列、4 英寸低音炮，底部配有 7 个扬声器阵列，内置 Apple A8 处理器。

功能上，用户可以利用"Hey Siri"唤醒 Home Pod，获取天气、新闻和交通等热点信息；也可以利用语音指令控制，与 Home Pod 上的其他 Home Kit 智能家居产品实现连接。当然，也可以像其他智能音箱一样，搜索查询需要的内容。

操作上，用户只要触摸 Home Pod 的顶部，就能进行播放、暂停、切歌等操作；长按时，还可进行 Siri 会话功能。在 Home Pod 内部 Siri 处于命令监听状态下时，会闪烁出动态的彩色 LED 波纹。在 HomePod 顶部单次触摸，可以开始播放、暂停音乐；双击时，可以切换到下一首；点击三次，可以返回前一首，与苹果耳机触控模式相同。单击后按住符号"+"或"-"，可以提升或降低扬声器的音量。此外，保持轻轻触摸的手势，也是唤出 Siri 的方式之一。进行完这一操作后，Siri 能够接受室内所有人进行的语音指令。

● 数字助理将无处不在

人工智能时代，巨头已经随时准备好语音控制。比如：亚马逊和谷歌允许第三方利用他们的助理让语音控制更容易执行任务；三星正在开展自己的服务，开始将这一方面的人工智能整合到更多的家用电器中。

目前，人工智能助理已经开始跟智能家居设备（如灯泡、恒温器等家庭安全系统）一起工作。2018 年，数字助理和语音控制还运用到较大的电器上，如洗衣机和烘干机。科技公司也可能更新智能电视，包括语音助理，并提高娱乐体验。

通过软件更新为设备添加助理，可以防止消费者不得不出去购买全新设备来访问人工智能，是企业推动技术采用的一种完美方式。只要是使用麦克风、扬声器和互联网连接的设备就可以添加助理，例如，Cortana，当微软在 2015 年推出 Windows10 时，就将人工智能添加到了数百万台计算机上。

此外，人工智能助理还可能获得新的能力，并在已经具备的能力上取得更好的成绩。例如，2017 年 Siri 和 Google Assistant 都获得了"新"的声音，让这些声音听起来更加现实，而那些声音改进技术也变得非常好。谷歌有一个叫作 Tacotron 2 的新系统，尤其擅长模仿实际语音。可能在极短的时间里，我们就无法分辨人工智能声音和人声声音之间的区别了。

第二章

围困：人工智能时代传统企业的困局

人工智能专注于数据的挖掘和运用，其普遍运用，有利于企业扩大生产规模，有利于提高团队效能，可以帮助企业实现转型升级。传统企业坚守旧有的管理模式，就会束手束脚，无法施展拳脚，甚至走入死胡同。面对人工智能的挑战，传统企业必须积极应对，越早摆脱这种困局，越有利于未来的发展。

最大挑战：应用人工智能技术扩大业务规模和提高效能

提起谷歌 AlphaGo（"阿尔法狗"），在 2016 年之前可能很多人都不知道它是什么，但经过一场热闹的人机围棋大赛之后，人们都知道了这个以 4∶1 的成绩打败了李世石的智能机器人。当然，随着"人工智能+机器人"科技在工业制造的快速发展，机器人不仅能陪人下围棋，还能进入超市实现"无人"付款。

　　提到人工智能，提到 AI（Artificial Intelligence），致力于传统行业的人可能会觉得这一新鲜事物距离自己还很遥远。可是，事实上，人工智能在传统行业中有着非常广阔的应用天地，能够运用于金融、医疗、教育、零售、商业智能等领域，从而提高公司业绩。

● 人工智能技术在传统行业的应用

　　关于人工智能技术在传统行业的运用，有这样几个例子：

　　案例1：亚马逊"Amazon Go"无人收款超市。

　　在美国，有一家超市非常火，它没有导购，没有收银员。结账的时候，也不用排队，系统会自动帮消费者买单。在这里，消费者可以自由购买自己想要的商品。这就是亚马逊新开张的智能超市——Amazon Go。

　　Amazon Go 超市采用了与无人驾驶汽车类似的原理，本质上都是利用图像识别技术来区分使用场景，通过软硬件结合来实现无人化。

　　我们可以模拟这样一个场景：某天你到 Amazon Go 购物，在你走进超市门口之前，就可以打开亚马逊的 APP 在门口扫一扫；进入超市后，环顾四周，可以看到很多摄像头，它们都被分散在超市的各个角落和物品货架上。这些摄像头带有人脸识别功能，可以跟踪锁定你的位置。货架上不仅有摄像头，还内置了压力感应器，只要你拿起任意一款商品，系统都会自动感应到东西已被拿走，把它添加到你的购物车里；如果不想买，或将它重新放回原位置，系统会自动从购物车里将该商品减出。购物结束后，再次拿出手机扫码，系统就会联网，确认你的购买行为，并在你的亚马逊账户中扣费。

　　（资料来源：引自搜狐科技《拿了就走的智能超市，暗藏了亚马逊怎样的野心？》，内容有删减。）

　　案例2：松下"Reji Robo"自助结账系统。

　　最近，松下不仅研发出一款自助结账系统 Reji Robo，还与罗森连锁超市建立了合作关系。不过，Reji Robo 并不是只要将商品拿走就能结账，而是在为消费者提供的购物车中安装了能辨别商品的感应器。当消费者靠近结账台时，只要将购物车放到指定的结账台上，就可自动结账。消费者支付货款后，购物车底部会自动滑出；之后，这些商品就会被包装好并装在一个购物袋中，消费者提起购物袋就可离开。

（资料来源：引自搜狐科技《人工智能时代来了，松下推出机器人收银系统》，内容有删减。）

上面举的这些案例是不是很奇特？

美国市场调研分析公司预计，在全球范围内，采用人工智能技术的企业数量会大幅增长，到 2022 年预计可能接近 90 万家，复合年增长率为 162%。

将来，人工智能不再仅仅出现在科幻小说和电影中，随着该技术在云处理、存储容量和机器学习算法等方面的进步，计算机系统的表现几乎可以在战略游戏和电视节目中超越人类。如今，已经有越来越多的企业开始利用人工智能来完成与人类能力相同甚至超过人类能力的自动服务和创新了，这就是最好的佐证。

到目前为止，人类一共经历了三次工业革命。从第一次工业革命开始，人们就已经意识到，机械装置可以帮助我们完成很多繁重的工作；第二次工业革命后，机器再一次升级，人们又发现，有的工作可以完全交给机器来完成；如今正在进行第三次工业革命，随着人类智慧的不断飞跃，AI 技术在某些方面已经可以替代甚至比人类完成得更好。

• AI 在传统行业落地的关键问题

对于人工智能在传统行业中落地的重要因素和关键问题，不同人从不同的角度，可以做出不同的回答：有人觉得数据最重要，有人觉得算法最重要……这些认识都正确。在与众多公司接触的过程中，我也有了一些收获，这里我就从人工智能落地这个角度分享一下自己的看法。

笔者认为，最重要的因素是开放思想。一方面，企业领导层要开放思想，既不要自高自大地忽视了人工智能的作用，总是在一边观望，也不能妄自菲薄地觉得自己公司比较小，或条件不成熟，或需要解决的问题挺简单，用不着人工智能。另一方面，人工智能的从业者也要开放思想，不要觉得人工智能只能服务于高科技行业，要扩宽思路来为传统行业提供帮助。

多年的实战经验告诉我们，AI 在传统行业落地的关键问题中共有三个关键：

（1）明确的商业目标。很多时候我们都发现，客户根本就不知道自己需要解决什么问题，或者有些客户甚至还觉得需要解决的问题并不是最主要的问题。如此，就要深入了解客户业务的流程、操作和需求，并以此为基础，梳理商业目标，建立一些解释或假设。然后，根据相关的数据来验证调整这些解释和假设，继而发现问题，把问题按不同的维度细化。

（2）好的人工智能平台。好的人工智能平台通常都具备三个特征。

1）灵活性。人工智能落地的企业多种多样，数据量有大有小，运算要求有高有低，好的人工智能平台一般都能适应企业的发展要求，不会让企业去适应它。

2）平台的设计能够较好地满足行业的应用需求。好的人工智能平台会把多年的经验融合在一起，高效地发现问题，抓住关键点，不仅解决问题的效率高，方案思路也比较实际可行。

3）平台后面的团队。既要有资深的、领先的数据科学和工程团队，还要建立资深的、领先的商业分析团队，才能有效地帮助对接，将平台的作用充分发挥出来。

（3）结果的有效交流沟通。这里的结果，不是指方案实施以后的结果，而是指人工智能分析出来的结果。通常，在明确解决方案之前，很多客户CEO 都不会太关心人工智能的具体算法，大多数也没有这方面的技术背景。这时候，通过交流让客户对人工智能得到一些洞察，得到他们的认同，就显得尤为重要。没有达成共识，就不会产生正确的方案，即使确定好了方案，执行也会出现问题，落地就更不容易了。所以，要了解你的听众是谁，用他们的语言来讲问题，要多站在他们的角度思考问题。

人工智能落地和纯搞科研有很大的不同：

（1）二者关心的东西不同。科研人员关心的一般都是基础性的东西，越是基础方面的突破，贡献成就就越大。可是人工智能在行业的落地，一般都是在残酷竞争下的实战，客户关心的问题自然也是我们关心的问题。

（2）经验反复验证。方案能不能实用化，实用化的 ROI 非常重要。对于科研来说，只要提高 1%，有时不到 1%，就是不错了。而实战的时候，不仅要关心 1%的提高，还要考虑为了得到这 1%，公司要投入多少资源，1%的回报有多少。每个企业公司都有自己的限制，也有自己的规划，这些都是方案落地时要考虑的。

把握人工智能浪潮关键点：数据的挖掘、应用和管理

● 企业拥抱大数据

数据说明一切，未来必须加强对大数据的重视。过去线下零售企业都不太重视数据，一方面对数据认识不足，另一方面是技术无法实现。随着大数据技术应用的成本降低及企业对其认识的提高，数据必然会成为决策的重要

因素。

说到大悦城，相信大多数零售人士都不陌生，在"线上的试衣间""微信订阅号转微信服务号"等事件中，都可以看到他们在O2O、全渠道零售的摸索与实践中的身影。

其实，他们还在消费者大数据方面进行了探索。2014年，大悦城开始构建自己的大数据系统，全面打造"数字化大悦城"。比如，西单大悦城门店全方位覆盖部署了339个WiFi热点（含客流探针），一方面满足了到场消费者的上网需要，另一方面也能对到场消费者进行信息采集和消费轨迹监测。

此外，还部署了近3000个iBeacon设备，不仅实现了近场营销和与顾客的"亲密互动"，还能对消费者的消费行为进行有效监测。2015年监测到的客流量有5000万，记录了近500亿条顾客购物习惯数据，结合多方面的外部数据源，给消费者打上了292个标签，且划分了六大核心客群：实用派、超级粉、时尚控、拜物狂、文艺范和社交客。

这些消费者大数据应用为门店的商业决策及分析提供了量化指标，还有品牌调整和客群分析依据。在实体零售整体表现欠佳的2015年，西单大悦城却实现了逆势增长，销售额达43亿元，增长12.22%。场内25%的品牌的销售额排名全国首位。2015年完成了20%的品牌更替。

（资料来源：引自联商论坛《大数据就是人的数据管理与应用》，内容有删减。）

综上所述，对于传统零售来说，想要在移动互联的全渠道时代继续生存与发展，就要迈入大数据建设的行列，快速构建自己的消费者大数据体系，真正把顾客的数据管理并应用起来。

得顾客数据者得天下！相信，消费者大数据应用必将会给传统零售实体带来巨大的转机，全面转变和提升零售的经营与管理，也必将驱动零售业向更加智能和高效的方向发展，为消费者创建一个智慧幸福的消费世界。

为了记录消费者的意见，如对衣服图案的偏好、扣子的大小、拉链的款式等微小举动，在 ZARA 的门店里，柜台和店内各角落都装有摄影机。分店经理会随身带着 PDA，店员会向分店经理汇报，经理上传到 ZARA 内部全球资讯网络中，每天至少两次传递资讯给总部设计人员，由总部做出决策后立即传送到生产线，改变产品样式。

每天营业结束后，销售人员结账、盘点每天货品上下架情况，并对客人购买与退货率做出统计。之后，再结合柜台现金资料，交易系统做出当日成交分析报告，分析当日产品热销排名，然后数据直达 ZARA 仓储系统。

ZARA 将网络上的海量资料看作实体店面的前测指标。因为他们认为，在网络上搜寻时尚资讯的人，一般都会对服饰的喜好、资讯的掌握要比普通大众更前卫。再者，他们也会在网络上抢先得知 ZARA 资讯，进实体店面消费的比率也很高。

这些消费者资料，不仅被应用在生产端，还被整个 ZARA 所属的英德斯集团各部门运用，如客服中心、行销部、设计团队、生产线和通路等。根据巨量资料，形成各部门的 KPI，完成 ZARA 内部的垂直整合主轴。

（资料来源：引自搜狐财经《2018 年实体店将临的 21 大机遇来了》，内容有删减。）

可见，任何传统零售业的成功都离不开大数据的应用。沃尔玛超市正是因为使用了"大数据"模式，了解消费者的内心真正需求，才创建了新的客户需求大数据并实现了更好的客户管理。

跟电商数据管理比较起来，只要消费者一进入网站，所有的消费行为轨迹——搜索、浏览、订阅、关注、评价、分享、咨询、沟通、购物、支付、提货等数据就会被全部记录在案，并通过这些数据应用到消费者营销上，形成与消费者互动的二次联动。

● 大数据时代，传统企业如何应对

大数据时代，传统企业该如何应对？答案便是，紧跟时代潮流，运用最新技术，进行一站式管理，采用综合数据分析，做好品牌、客户服务等。

（1）一站式数据管理。传统的企业管理软件各自为政，多头的管理使得数据分散，企业不得不花更多的成本进行人为整合，操作方式烦琐，增加了很多额外的工作量。在大数据时代，必须找到一款简便易操作的企业管理一体化软件，将公司的核心业务集为一体，帮企业实现灵活自如的管理和控制。高效的数据信息管理模式为商户带来了极大的便捷：各种进货、销售、员工业绩等数据一目了然。整合多来源数据，将不同部门分布的信息关联起来。任意时间快速检索数据，迅速得到精确信息，缩短时间，更快地为客户服务，有利于企业更全面地掌握客户、供应商和产品等情况。

（2）综合性分析数据。大数据的不断发展已经引起了很多企业的重点关注，可是大多数企业还在谈论"何为大数据"时，有的企业已经开始利用大数据为自己服务了。例如：餐饮业的大数据布局，利用云端存储的数据，对客户信息、营销模式、菜品采购等，进行有效梳理、整合和分析，采用更适应客户需要和发展的发展模式，制定出更为明智的决策，并实现自动化流程。通过分析，锁定潜在客户，了解客户的身份特征等信息，针对性地出台更具高效的营销决策来推出产品。一方面，及时掌握业务员业务动态，加强企业的管理；另一方面，促进交易成功，使企业运营更加稳健。

（3）制定企业未来发展策略。企业一般都拥有客户的大量数据，通过对数据的分析，就能获得很多信息，从而为管理和营销提供依据。可是，有些企业拥有的客户信息并不全面，无法得出理想的结果，甚至可能得出错误的结论。通过对大数据进行分析、加工，将产生的营销量、客户转换率、营销效果的评估值等进行整合，就能确定最精准的营销决策。

（4）搞好品牌建设。大数据时代，信息传播的方式、渠道、内容和速度都是前所未有的，仅依赖信息不对称的品牌营销都将无法适从。传统企业要大胆尝试，把搜索引擎的营销、社会化网络的营销、网络视频的营销、即时资讯的营销、论坛营销、微博营销和微信营销等应用到品牌建设中。

（5）专注于客户服务。传统企业要充分掌握客户消费行为的数据信息，全方位建立客户分析维度，对海量客户数据进行多层次分析归类，建立呼叫中心，实时识别客户信息，提供营销咨询服务。

（6）有效订单管理。传统企业要将产品系列、产品价格、产品型号、产品品类、产品尺寸大小、产品库存、产品生产周期等信息数据在一个平台上全打通。同时，要以市场需求为导向，对产品进行精确的科学分析和市场预估，协助企业产品管理。

人工智能是怎样改变一个传统行业的

今天的人工智能虽然没有文学作品和科幻小说中那样神奇，却早已深入到大众生活的方方面面。从无人驾驶的汽车、客厅里端茶送水的机器人，到根据历史记录自动推荐商品的购物系统，人工智能正在以惊人的速度融入到人们的生活中来。

明确了向人工智能转型的战略后，奥迪从逐步建立起的 AI 全球创新网络中受益匪浅。逐步与供应商、研发伙伴及其他行业的参与者建立了合作关系，逐步建立起多渠道、广泛的人工智能创新网络。在这一过程中，奥迪的意愿和能力成为驱动创新网络发展的关键因素。

2001 年奥迪成立全资子公司——奥迪电子联合公司（AEV），负责电子与软件领域相关的技术创新，并与奥迪股份公司合作，保证创新技术在早期应用到产品研发中。

AEV 简直就是驱动奥迪开放创新网络的"发动机"和智库，更是成为奥迪公司连接外部创新合作伙伴的桥梁。通过 AEV，奥迪紧密跟踪全球相关领域的先进技术，并与外部专家建立合作关系，逐步建立起一个人工智能领域的全球创新合作网络。

该网络包括美国硅谷、欧洲和以色列的热门公司，其中既有硬件系统开发的领先企业——GPU 的发明者英伟达，也有全球图像识别领域的领先企业 Mobileye 等重要合作伙伴。同时与大学、小型科研机构合作，促进实验室中最前沿技术的产业转化。AEV 同时为奥迪与外部合作伙伴的开放创新合作提供财务、法律等方面的保障。

2016 年，在巴塞罗那举办的 NIPS 大会上，奥迪展示了与欧洲小型科研团队 NNAISENSE 公司合作开发的 1：8 比例的"深度学习"模型车，向客户展示了一个可以让车辆自己找到停车位的系统。

模型车通过传感器扫描和检索车辆周围的数据，并与车载计算机协同工作。车载计算机处理数据并将其转换为汽车转向和动力相关的控制信号。一旦将数据处理完毕，汽车就会做出适当的反应，在停车场周围自行驾驶，直到找到停车位。这款使用"深度强化学习"技术的前期开发产品，在没有驾驶员协助的情况下，无异于汽车学习了类似于人类的"知识"。在 2017 年拉斯维加斯电子消费展（CES）上，奥迪展示了与英伟达合作的自动驾驶概念车。

在向人工智能转型的过程中，奥迪使用人工智能技术进行产品的前期开发。未来，奥迪还将前期开发中积累的技术应用到其他产品中。

（资料来源：引自 FT 中文网《大型传统企业如何向人工智能转型？》，内容有删减。）

面对这一前景，大型传统企业需要从战略上思考如何基于新技术对商业模式和运营系统进行重构，跟随这一轮技术发展建立新的"护城河"。要努力构建新的生产方式、商业模式、供应链和运营体系来适应未来时代。

随着外部生态环境的变化，基于新技术和产品产生的变革是全面的，企业要在旧有生态系统以外，建立一套能够适应未来的新生态系统。在新的体系中，企业要用新技术解决目前产品服务中没能满足客户的地方，或者通过新技术全面升级客户体验。在从旧体系到新体系的转型过程中，企业要结合开放创新的方式主导创新网络建设，在新的技术下创造出更高的商业价值和竞争优势。这是外部环境变化给传统企业带来的压力，也是技术变革大时代赋予企业的机遇。

基于对数据训练集的依赖，人工智能的发展没有捷径，越早应用人工智能，企业就越能建立并扩大技术鸿沟。随着 AI 技术对人类社会结构所带来的全面冲击，未来大多数创新来自于不同领域间的合作，能够垄断一切的公司将不复存在。

传统行业掌握既有生态系统中的关键资源，同时对行业、用户需求有更深刻的理解。因此，新技术对于传统行业的重构，将是传统企业和 AI 技术企业基于各自的优势，合作创新。当然，合作中也存在磨合、博弈，双方将最终在新的生态系统中找到位置，实现共赢。

在转型过程中，传统企业一方面要建立起适应新生态系统的创新管理体系，另一方面要自上而下地进行文化与制度的支持。同时，在向人工智能转型的创新过程中，企业还要主导创新网络的建设与管理。

传统大企业要在自己尚未熟悉的新技术领域内建立这样的能力：建立多

渠道的创新合作网络，不仅要考虑与大家熟知的 AI 技术领导者合作的可能性，还要识别出人工智能领域中的技术型创新企业，并将他们纳入自己的合作创新网络中进行引导与合作。

从农夫山泉看传统企业借助人工智能实现转型升级

人工智能时代，"农夫山泉"的转型之路：

为了提高销售量，农夫山泉曾困惑于这些问题：怎样摆放水堆更能促进销售？什么年龄的消费者在水堆前停留更久？他们一次购买的量多大？气温的变化让购买行为发生了哪些改变？竞争对手的新包装对销售产生了怎样的影响？诸如此类。在使用大数据之前，这些问题也能得到回答，但更多是基于经验，而不是数据。

为了搞清楚这些问题，从 2008 年开始，业务员就开始拍摄产品怎么摆放、位置有什么变化、高度如何等照片，之后将这些图片传送到农夫山泉在杭州的机房中，每个月大概接收 3TB 的数据。如果按照数据的属性来分类，"图片"属于典型的非关系型数据，还包括视频、音频等。系统地对非关系型数据进行分析是农夫山泉设想的下一步计划，这是农夫山泉在"大数据时代"必须迈出的步伐。可是，农夫山泉当时很茫然，明明知道守着一座金山，却不知道从哪里着手。

2011 年，转机出现。农夫山泉开始基于"饮用水"这个产业形态中的运输环境开发数据场景。其将自定位成"大自然搬运工"，在全国有十多个水源地，把水灌装、配送、上架，一瓶超市售价 2 元的 550 毫升饮用水，3 角钱都花在了运输上。在农夫山泉内部，甚至还出现了"搬上搬下，银子哗哗"的说法。

没有数据实时的支撑，农夫山泉在物流领域花了很多冤枉钱。如何根据不同的变量因素来控制自己的物流成本，成为问题的核心。为此，农夫山泉收集了大量数据：高速公路的收费、道路等级、天气、配送中心辐射半径、季节性变化、不同市场的售价、不同渠道的费用、各地的人力成本等。

利用这些大数据，农夫山泉计算出一套最优的仓储运输方案，使各条线路的运输成本、物流中心设置最佳地点等信息即时呈现。将全国十多个水源地、几百家办事处和配送中心整合到一个体系中，形成了一个动态网状结构，进行即时管控。让退货、残次等问题与生产基地能够实时连接起来，通过大数据准确获知该生产多少、送多少……通过这一系列的动作，农夫山泉最终解决了采购、仓储、配送这条线上的"顽症"，实现了产品运输决策的智能化、物流成本的精准化、运输资源的配置合理化。

有了强大的数据分析能力支持，借助大数据技术，农夫山泉在销售、市场费用、物流、生产、财务等数据的计算速度，从过去的 24 小时缩短到了 0.67 秒，几乎做到实时计算，极大地提高了销售额和市场份额。

（资料来源：引自数据源《大数据应用案例：农夫山泉大卖，背后是交通大数据显神威》，内容有删减。）

随着全球经济的快速发展，人工智能、大数据等技术不断成熟，物联网时代正在逐渐到来。科技创新不断驱动各行各业与时俱进、蓬勃发展，整个社会的企业发展进程也在不断加速。那么，在这种时代背景下，传统企业应该如何实现自己的转型升级，用人工智能、大数据，为企业的发展带来更多的绩效呢？

● 改变思维

互联网思维的核心在于"思维"而非"互联网"，传统企业要想突出重围，首先要做的是改变思想观念和商业理念。

（1）企业要结合自身的行业及业务特性与互联网的新基因结合起来，建立一套适合企业发展转型要求的新型文化理念。

（2）企业转型落地管理层的共识是基础，要通过各种培训研讨宣导、行动式学习引导，帮企业管理团队突破思维禁锢，统一思想，建立共识。

（3）要在整个管理团队中树立转型紧迫感，为推动转型变革做好铺垫。

• 打造企业内部管理层的扁平化

互联网注重的是时效性和直接性，传统企业要快速针对市场变化做出判断和调整，直接对用户进行反馈。因此，过去的那种金字塔式的管理模式已经不适用，要减少管理层级，进行扁平化管理。

• 建立全方位大数据平台

无论是商业模式，还是组织机制的落地实现，都需要依赖于移动端和 PC 端的 IT 平台支撑。这里，全方位用户互动、良好的用户体验、全流程的高效支撑、持续的用户数据资产积累等是关键。比如，AMT 与安客诚一起帮海尔建立了基于大数据的全方位用户互动平台，提升了对用户的洞察能力，实现了基于大数据的精准营销，满足了用户的个性化需求。

• 创造新型"互联网+"模式

传统企业互联网转型必须基于对用户需求与市场环境变化的深度洞察，对企业的业务价值链和盈利模式进行根本性的再思考和再设计。"互联网+"转型的模式有三种：

（1）"以用户为核心"的内部组织和供应链流程重构，即从传统的以厂商为核心的 B2C 模式，转变为以用户个性化需求为中心的 C2B 模式，并建立供应链全程用户参与互动。

（2）对原有价值链的延伸，更紧密地整合产业链上下游，减少交易环节，降低多方成本，向用户提供更多增值服务等。比如，米其林在轮胎上安装传感器，运用大数据分析技术，为司机提供驾驶方法的建议和培训，帮助其降低油耗。

（3）从整个行业的格局来考虑产业链的重构，以及通过跨界将相关联资源建立连接，打造新的平台生态圈。比如，滴滴打车，整合各出租车公司的调度系统，建立了行业化的新平台，进一步激活了社会闲散资源，彻底改造了原有的生态系统。

第三章

解围：人工智能时代企业组织绩效改进原理

传统企业如何在人工时代制胜？答案就是进行组织的绩效改进。传统企业也重视绩效管理，但人工智能的出现，给组织绩效的开展和实施提出了更高的要求。不仅要了解绩效传导的基本原理，还要知道改进的基本原则、熟知绩效改进的多种模型以及流程，继而建立适合时代要求的绩效改进中心。每一环节都非常重要，缺一不可。

人工智能时代企业需求的四个层级：业务目标、绩效、工作环境、个人能力

● 人工智能对企业的影响

人工智能是研究开发用于模拟，延伸和扩展人类智能理论、方法、技术及应用系统的一门新技术科学。未来，人工智能将应用于政府、公司、军队，人工智能将无处不在。

人工智能和敏捷制造是内在相关的，在这两方面，产品和过程都是连续

的循环系统。计算机体系通过不断的行为体验完善自身系统，推动企业开展兼并，向企业推荐新的机会，都有利于企业在高度不确定和快速变化中生存下来。

除了重塑某些特定的竞争优势，人工智能还有助于提高决策的效率和质量。在某些特定的事项上，机器输入信息的数量和处理速度可能比人类高出数百万倍，客观数据和预测性分析取代直觉和经验成为制定决策的核心推动力。

当然，必须说清楚的是，虽然会像工业革命时期一样出现一些企业倒闭现象，但人不会被淘汰。首先，需要人来构建体系。比如：优步雇用了数百名无人驾驶汽车领域的专家，其中约 50 名来自卡内基·梅隆大学的机器人中心。人工智能专家也是华尔街最紧俏的职业。其次，需要人提供一些机器目前尚且缺乏的常识、社交技能和直觉力。即使将一些常规性工作交给机器，也需要人来监测以确保任务完成的质量。

在人工智能时代，能成为优势的因素也发生了变化。战略性的事情可以变成有组织的、科学的事项，反之亦然，即事务的结构是灵活和敏捷的。对人和机器来说，这必然有利于提高效率，加速变化。可伸缩硬件和可调节软件为人工智能系统的利用提供了基础，一个普遍适用的办法就是：建立一个中央情报引擎，布局一些分布式半自动软件。

企业的制胜策略要求重视敏捷性、灵活的雇佣体系和持续的教育培训。关注人工智能的企业，一般都不会出现固定的传统雇员，开放式创新和合同协议正在增多。

• 企业如何开启人工智能时代

企业想要通过人工智能获得竞争优势，需要做到三个方面：一是了解具备学习能力的机器的影响；二是开展人机互动；三是以不可匹敌的规模和速度参与到其他高水准的功能运用中。

要识别机器在哪些方面做得比人类好，以及人类又在哪些方面更胜一筹，为人和机器建立起相互替补的角色和责任，并据此重新设计流程。人工智能通常会需要一个新结构，既包括集中式的层级结构，也包括分散式的开放结构，实施起来极具挑战性。最终，企业要采用灵活的工作模式来制定策略，这也是许多初创公司和人工智能先行者们会使用的。

虽然所有的企业都能从这个方法中受益，但因为人工智能的运营需要人们坚持不懈地学习改进，也需要机器不断地完善。所以需要灵活和不断调整，以便激活人工智能。

执行者要识别人工智能将优势最大化且最持久的领域，比如：在有大量数据的领域，零售业或常规的定价工作等。越来越多的公司活动都充斥着数据，并能被细分成一个个小项目。可以从以下四个维度来看人工智能：

（1）业务目标。巴甫洛夫的条件反射证明行为的产生是需要诱因的，在组织中的个体工作动机究竟是什么？如果仅是物质条件反倒简单多了，但情况并非如此。

动机对人行为的影响是巨大的，它是激发、指引人的行为和活动的直接原因。一个人有无进行某项活动的动机，或动机强度的不同，都会直接影响他从事该项活动的动机。

组织的动机实践就是要制定良好的激励体系，鼓励什么，倡导什么，就应该围绕所要鼓励和倡导的主题开展工作。对于组织来说，重要的是了解每个个体的动机，尤其是工作动机。现在不少企业都在制订员工的职业发展计划，其实就是要建立一个较为持久的动机支持体系。在这个体系中一定要分析员工不同的事业锚，按需激励，才会起到较好的效果。

（2）绩效。在大数据时代，面对市场上潜在的机遇和激烈的竞争，提高组织绩效，把握各类机会并在竞争中脱颖而出，已经成为各组织的生存与发展的必然选择。

企业要借助人工智能，将竞争优势转变为算法和数据资产，通过建立学习网络和数据生态，全面洞察消费者，同时在数据驱动下进行即时自动决策。

不同于通过资源和性能来获取竞争优势的传统方式，人工智能将重新构建优势。比如：可以帮助企业赢取市场份额，包括专利、分销网络、用户渠道、扩大企业规模等。

（3）工作环境。让员工满意是管理工作的一部分，所以为员工打造适宜的工作条件与工作环境也是体现为员工服务的一种理念。这种理念体现在以下几点：能否有足够公平的报酬；能否有安全健康的环境；能否激发员工的潜力；能否使员工得到成长与保障；能否确保工作机会的均等，没有偏见、歧视；能否有足够的法律保护；能否提供工作与生活适当平衡的体系等。

Humanyze 公司通过将胸牌上的数据与员工的日程表和电子邮件数据相整合来确定办公室布局是否有利于团队合作。Slack 是一款职场通信 APP，可以帮助经理评估员工完成任务的速度。

企业能够看到某些时候工人不仅在打瞌睡，甚至还在做不良行为。此外，公司还使用人工智能来筛查费用报销中的异常情况，而人工智能在发现夜间某个奇怪的时间段产生的收据效率远比一个精于计算的会计人员要高得多。

员工也能获益。得益于计算机视觉方面的大幅进步，人工智能可以检查工人是否穿戴了安全装置，以及是否在工作场地受伤。一些人会欣然接受 AI 给予的对他们工作的反馈，并接受那些能让他们做得更好的建议。

（资料来源：引自贤集网《人工智能将会如何影响我们的工作环境》，内容有删减。）

（4）个人能力。能力，是影响绩效改进的最关键的因素。当然，这种影响，既可能是正面的，也可能是负面的。但是，对工作中"能力"的定义却是仁者见仁，智者见智，并没有一个统一的看法。

所谓工作"能力"主要指的是一个人与工作任务的匹配性。从这个定义可以看出，"匹配"才是决定"能力"对工作绩效影响程度的主要因素。将合适的人放在合适的位置，让合适的人去做合适的工作，才是发展能力的关键。在很多企业，有些业绩表现较为突出的员工，频频被放到不同的岗位上去锻炼，结果在新的岗位一旦绩效出现问题，马上就被否定，结果一些高素质、好潜力的人才在不断受挫后被扼杀了。这是对能力认识的一种悲哀。

"能力"的第二种理解要认识到它的组成部分。能力包括一般能力（智力）和特殊能力，学历仅能证明能力中的一部分，过分追求高学历并不能很好地改进绩效。近期国家有关部门提出，以后在员工选用方面应倡导两个方向——学历与培训记录同等重要，向培训记录倾斜；知识与技能同等重要，向技能倾斜。这个观点肯定了智力是动态的、变化的，学历只能证明过去。所以，不断获取新技能、新知识，加强员工在智力及特殊能力方面的培养及改进，是提升个体绩效乃至组织绩效的一个重要方法。

绩效改进技术之绩效传导基本原理

关于绩效传导，有这样一个典型案例：

德克萨斯鸡腿堡是肯德基推出的一种美食，深受食客的喜爱。为了扩大影响，肯德基进行了大面积的广告宣传，人们都知道了德克萨斯新口味汉堡。这一效果直接反映到服务员的具体工作中，只要有客人来，他们就会积极主动地进行推荐。

肯德基对下属各单体店的考核体系，确定了一个考核指标，叫作新品销售额。这个指标与各单店的收入直接挂钩，对各店长形成了一个清晰强烈的导向：卖出更多的新产品是这段时间内的一项重要工作。接着，店长就会根据肯德基提供的新品销售指南对员工进行培训，让员工不断地收集顾客的各种信息，向顾客推荐、询问是否愿意尝试德克萨斯。

当然，这个指标还形成多部门的协同，一方面营销体系展开了猛烈的市场攻势，另一方面物料供应系统也给予了大力支持，比如：各类原材料、包装等。此外，还要提前进行培训，比如，汉堡制作、销售行为等，然后才是销售执行。

通过分析可以发现：绩效指标是一个指挥棒，通过指标的层层分解可以实现多层级协调行动。为了提高执行效果，还要让员工知道怎样去做。

绩效传导的过程是"员工具备一定的能力+环境的影响因素→发生行为→绩效指标的达成→组织战略/业务目标的达成"，而企业高管则是反过来思考问题。

进行绩效改进，光有绩效指标还远远不够，必须建立配套体系：一是与绩效指标相关联的奖惩机制；二是与具体执行相配套的操作手册、培训体系。

指标以及与之关联的奖惩机制，可以将各层级行动引导到与企业长期发展相一致的方向上，用足够的动力去贯彻执行。但是，方向正确、动力充分并不能解决如何做的问题，具体的操作手册和培训体系才是贯彻实施的保证。如同军队打仗，不仅需要战略正确、士气高涨，还要保证执行到位。

组织能力是企业制胜的关键，不管在什么时候，只要提到员工能力，就不能忽视组织能力这个大前提。也就是说，在企业的组织体系下，企业是一个蚂蚁军团，组织由弱小的蚂蚁组成，庞大而高效，不能舍本逐末，不能过度强调个体员工的能力，即使是能力超强的员工，在能力低下的组织内，也可能毫无用处。

绩效改进及其四项基本原则

绩效改进不局限于一种方法与技术，强调运用系统思维，通过分析其根本原因来找到有效的解决办法，并选择出最具有经济效益的方案实施，提高组织绩效。为了兑现以经济的方式提高组织绩效的承诺，绩效改进要遵守以下四项基本原则：

●以系统思想为指导，遵循系统方法

系统论是关于系统的一种模式、结构和规律的学问，研究各种系统的共同特征，用数学的方法定量地描述其功能，寻求并确立适用于一切系统的原理、原则和数学模型。

系统方法是运用系统论的观点和思想去研究和处理各种复杂关系的系统问题的方法。关注于对系统的整体分析，能够从系统和环境的关系，以及系统内部各要素之间的关系在相互作用中发现系统规律，从而解决复杂系统问题。

根据系统论与系统方法的原理，进行绩效改进。首先，要把组织看作是一个有机的整体和系统。不仅要看到该系统与外界环境的关系，包括外界环境如何对系统造成影响，该系统采用何种方法适应外界环境。还要看到系统内部各组成部分之间的相互作用，看到它们之间牵一发而动全身的关系。这种思维方法不仅有助于绩效改进小组识别影响组织绩效的多种因素，也为综合参考各种影响因素之间的关系来设计并实施多项配套措施提供了思路。

其次，要遵循系统化的工作流程。基本环节包括：绩效分析、设计与开发干预措施方案、实施干预方案、评价绩效改进等，每个步骤都不可或缺。在各步骤的实施过程中，不仅要考虑绩效改进整体各主要环节的系统性以及各步骤中子环节的系统性，还要考虑每个步骤对组织人员、组织及组织绩效产生的影响、评估这些影响并做出及时调适。

• 以结果为导向，执果索因，对症下药

解决组织绩效的问题有三种方式：愿望导向、需要导向与结果导向。

(1) 愿望导向。所谓愿望导向是指客户需要什么，就给他们什么。在这种导向下，绩效改进小组通过调查来明确客户想要什么。

(2) 需要导向。所谓需要导向是指通过一系列活动来应对客户的绩效差距。该导向出发点与愿望导向截然不同，暗含这样的假设：客户已经分析出问题所在，其要求的活动或干预方案一定提高组织绩效，因而它并不需要深入地分析组织绩效问题及其产生原因，只要分析客户的方案并实施即可。

(3) 结果导向。所谓结果导向是指在组织商业目标和绩效目标驱动下，通过评估问题症状，分析导致绩效问题的根本原因，找出对症策略，改进绩效，从而促使组织商业目标和绩效目标的达成。

结果导向是绩效改进提高组织绩效的核心要求，要实现结果导向，关键有两点：执果索因和对症下药。

(1) **执果索因**。这个词语形象地说明了绩效改进着手解决企业绩效问题的最初思路。当企业遇到绩效问题或因为出现新的绩效需求时，绩效技术的第一步就是评估组织当前的绩效差距，先明确"果"，然后分析其产生的原因。只有弄清楚"问题是什么"，才能明确绩效改进的方向；只有弄清楚"问题出在哪里"，才能有针对性地解决问题。

(2) **对症下药**。也就是针对问题产生的原因采取相应的解决办法。不同原因产生的问题，需要采取不同的解决方案。绩效改进领域内，有很多将绩效问题根本原因和干预措施相匹配的模型，帮助人们针对前期分析出问题的根源，选择针对该根本原因的干预措施。如果组织绩效低下是因为员工缺乏相应的技能，就可以给员工进行培训或设计相应的工作帮助；如果是因为没有得到应得的薪资，就要提高薪酬或者改善福利待遇；如果是因为工作环境中缺乏支持，就要设计开发工作环境绩效支持设施和系统。

　　对症下药，可以保证绩效改进能有效地解决问题，由于对干预措施没有预设，任何可能解决问题的办法都可能成为干预方案，使绩效改进领域成为综合性很强的跨学科领域。所有相关领域的专家都可能是干预措施的专家，都可能进入绩效改进领域从事相关工作。这种问题解决的思路和工作方式是绩效改进领域充分吸纳其他领域的精华，是区别于其他领域并获得成功的关键。

● 追求最佳成本效益

　　绩效改进诞生并成长于企业培训和管理的实践领域，源于对用培训提高绩效的质疑。这不仅是因为培训不一定能很好地解决企业中的绩效问题，还因为它需要付出高昂的成本，不仅包括培训活动需要支出的显性成本，还包括参加员工培训而产生的时间成本等。在市场经济条件下，面对激烈的市场竞争，只有有效降低成本，提高收益，企业才能立于不败之地。

　　为此，绩效改进需要"经济"地解决绩效问题，要将获得的收益和解决绩效所需要付出的代价的比值，作为衡量干预措施的经济指标，为是否选择与采纳某种干预措施或方案的决策提供依据。在这里，所获收益需要与组织的目标和经济利益相联系，包括：是否有助于组织的盈利目标，是否有助于实现组织的战略目标，是否有助于体现组织的价值，等等。所需付出的代价则是指为了解决绩效问题所需要支付的成本，包括：设计与开发干预方案需要支出的费用，实施干预方案会造成的变动以及由此带来的损失，等等。

●伙伴协作的原则

绩效改进顾问要跟客户及相关专家建立并保持合作伙伴关系，运用绩效技术帮助内外部客户实施绩效改进，建立一支目标统一、能力互补、紧密协作的团队。

绩效改进顾问需要与客户结成伙伴关系，共同承担绩效改进各个环节的责任。在这种伙伴协作原则中，必须加强沟通。沟通协调能力是绩效改进顾问工作中的润滑剂，绩效改进过程就是团队合作的过程。在此过程中，绩效改进顾问必须有效地整合专家、客户、合作伙伴等资源，激发相关人员的工作热情，推动绩效改进团队的日常工作。

多种绩效改进的多种模型

在组织绩效改进领域内，有多种绩效改进的模型。它们对领域内实践人员的工作发挥了很好的指引作用，根据各个模型解释的对象不同，可以将绩效技术的模型分为以下几种：

●ADDIE 模型

ADDIE 模型源于教学系统设计，形象直观地展示了设计与开发教学培训及有关产品的过程。如图 3-1 所示。

ADDIE，描述了系统流程分析、设计、开发、实施和评价五大阶段，在教学设计领域的发展中已经获得了普遍认可，是应用最多的模型。它不仅启发了其他有关模型的建构，也是各类绩效改进模型的基础。

一方面，该模型解释的系统化过程的五大阶段是组织绩效改进流程的基

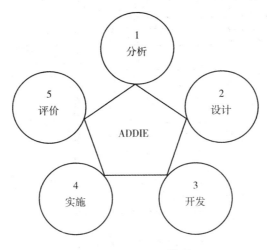

图 3-1 ADDIE 模型

本环节，除五个基本环节外，模型没有阐述其他要素，为实践工作人员发挥主观能动性，因地制宜地设计符合实际的操作细节提供了空间，引导绩效改进实践工作的开展。

另一方面，模型中的五大环节并非独立线性，而是呈现相互交叉，同步进行的，体现了绩效改进实际操作的复杂性与动态性。同时，评价和修改贯穿整个过程，一直到绩效改进小组通过不断地形成性评价设计开发出最优方案，确保绩效改进的成功。

• 国际绩效改进协会的绩效技术模型

1992 年国际绩效改进协会正式提出了绩效改进的操作性过程模型，之后经过许多专业人员的不断应用、修改和完善，该协会形成了自己的绩效技术模型。如图 3-2 所示。

绩效技术模型指出了绩效改进不可或缺的五个必经阶段：绩效分析、原因分析、干预措施的选择、实施变革管理、对整个绩效改进的评价。同时，也对每一个阶段所涉及的要素都进行了简单的说明，例如：

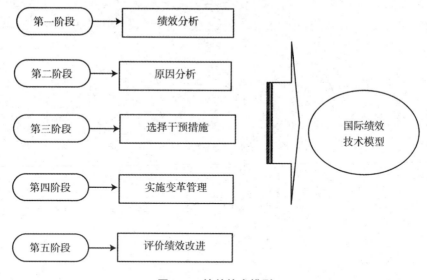

图 3-2　绩效技术模型

绩效分析阶段，模型对组织分析的维度以及明确绩效差距的方法进行了说明；

原因分析阶段，模型列举了可能导致绩效问题的环境问题与个体能力问题的几个方面；

选择与设计阶段，模型提示了可以选择的多种干预；

实施与变革阶段，模型列举了为促进组织中变革的顺利进行需要开展的工作；

最后的评价阶段，模型简单地说明了需要实施的评价模型与时机。

● ATD 绩效改进模型

ATD（Association of Talent Development）绩效改进模型运用了结果导向与系统化的流程，该模型开始对组织进行商业分析，能够识别组织目标，并以此作为驱动力来进一步评估组织绩效差距，分析问题根本原因，选择与设计干预措施，改进测量结果并持续改进组织绩效。如图 3-3 所示：

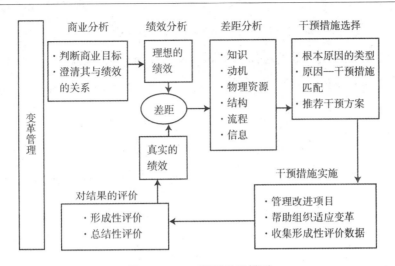

图 3-3 ATD 绩效改进模型

● **绩效操作模型**

该绩效模型与其他的绩效模型相同，涵盖了绩效改进的必要步骤，操作性较强。一方面，在前期的绩效分析阶段，区别了组织的主动需求和被动需求；另一方面，为解决方案的选择提供了适当性、经济性、可行性和可接受性四大标准，有助于工作人员的对照。

此外，该绩效操作模型虽然列举了大量的绩效改进步骤，但每个步骤下并没有展开仔细描述，而是总结出一些要点，为工作者提供了思维框架。具体需要的时候，可以查阅其他相关资料或根据实际情况看势而行。

敏捷业绩提升流程——RAPID[3]

在 RAPID[3] 绩效改进模型中：

"R"代表的是响应绩效改进需求（Respond）。

"A"代表的是分析组织业务（Analyze Business Needs）。

"P"代表的是绩效差距分析（Analyze Performance Gap）。

"I"代表的是探寻影响因素及根源（Identify Influencing Factors and Root Causes）。

"D^3"由三个"D"组成，分别代表选择绩效改进方案（Decide Solutions）、设计和实施绩效改进方案（Design and Implement Solutions）与评判绩效改进效果（Determine Results）。如图3-4所示：

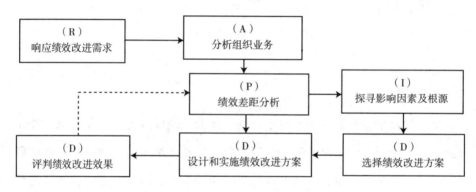

图3-4　RAPID^3 绩效改进模型

RAPID^{3}绩效改进模型始于响应绩效改进的需求，包括绩效改进顾问主动寻找绩效改进的机会，以及绩效改进顾问合理地响应业务部门或客户的绩效改进需求。此外，还要求确定绩效改进需求的层级。

从宏观到微观，此模型可以分为四个层级：公司层面的业务需求、部门或个人绩效需求、工作环境需求和员工能力需求。需求的层级通常决定着绩效改进项目的影响范围和难度。

下面，我们就结合A公司的案例，具体谈一下RAPID^{3}绩效改进模型的使用流程：

A公司是一家大型国有企业（以下简称"A公司"），培训部面临这样一个问题：由于公司业务的迅猛发展和战略要求，培训部需要快速提升员工能力并有力支撑公司的发展战略。为了更好地满足这项战略需求，培训部新增了两个科室——计划管理科和课程研发中心。可是，由于刚成立不久，这两个科室与原有科室之间的分工与协作机制并不明确，新科室内部既没有建立科学的工作流程，人员能力也需极大提升。

这些问题，仅通过培训是难以解决的，A公司培训部计划采用绩效改进方法来切实提高培训部员工和部门的整体绩效，之后联系了外部绩效改进顾问团队来主导培训部的绩效改进。

为了响应客户的需求，外部绩效改进团队对A公司的绩效改进需求进行了初步分析，确定该绩效改进需求应集中在培训部的绩效、工作环境改善和员工能力提升等方面。由于该项目不在全公司层面展开，外部绩效改进顾问团队判断此项目的影响范围和难度处于中等水平，并初步制订了一个为期六个月的绩效改进项目计划。

仔细研读此案例，就会发现，管理者面对业务部门的各种需求，第一反应就是提供培训。但绩效改进技术要求培训管理者不能先入为主以培训作为响应需求的唯一解决方案，而要考虑如何找到问题的真正根源，提供真正适合解决方案的组合。这里，我们做简要分析：

• 分析组织业务

确定需求层级后，要以业务需求为导向进行组织业务分析，要对企业的愿景、使命、价值观、发展战略和业务重点有选择性地进行分析。具体来说，可以从以下几个角度进行：

（1）绩效差距分析。要通过信息的收集和分析，得到实际的绩效状态和期望的绩效状态，进而得到它们之间的绩效差距。

（2）探寻影响因素及根源。明确绩效差距后，企业要寻找造成绩效差距的影响因素及根源，具体方式是：明星员工分析、工作任务或流程分析、影响因素分析等。影响因素通常是绩效问题的外在表现，解决影响因素并不一定能够真正解决绩效问题，需要进一步找到真正的根源，通过深入分析来帮企业选择最合适的方案来解决绩效问题。

绩效问题的影响因素和根源分析采用的是假设法：假设某个绩效问题是由于某种原因引起的，通常业务部门都会提供他们对影响因素及其根源的看法。绩效改进顾问的主要工作就是为这些建议寻找证据，以确定这些影响因素或根源是否真实的存在。

（3）选择绩效改进方案。造成绩效差距的原因千差万别，相应的绩效改进措施也各不相同。大量研究表明，绩效改进的解决方案通常分布在九个方面：提高知识和技能、改进信息和交流、提升工作积极性、改进人力资源管理、改进资源、工具和环境、改进架构和流程、改进信息和交流、改进财务系统及增进健康。这九个方面又包括三种具体的绩效改进措施：

1）表彰。对于员工为组织所做出的杰出贡献或优秀业绩，可以由公司重要人物（例如，高层管理者）以隆重的方式给予表彰和奖励。方式可以多种多样，比如：月度或年度优秀员工奖、奖品、奖章、通报表彰、与总裁共进午餐、颁发证书、总裁亲笔表扬信等。

2）人机工程。设计和使用符合人类生理学和认知学的工具、设备及办公环境，可以提高生产效率。例如，为了设计使员工感到舒适的办公环境，就要考虑下列因素：灯光亮度、温度调控、通风状况、办公器具的方便及舒适度等。

3）流程再造。流程再造的方法旨在基于组织目标开发出一个清晰直观的工作流程图。以客户需求为终极输出，该流程图必须确定不同的输入、决策、行动和输出。这种方式，能让工作流程更简单高效。

● 设计和实施绩效改进方案

一旦选定了绩效改进方案，就要设计和实施可执行的解决方案。绩效改进的具体方案可能会涉及培训、人力资源、组织发展、信息技术、架构和流程再造等几个方面，绩效改进小组要根据方案的性质，组织相关专家来共同设计和实施绩效改进方案。

企业实施绩效改进方案，无异于在企业内部引入一场变革。对这场变革进行精心管理，可以帮助企业有效地实施绩效方案，改进绩效。为了更好地促进变革在企业中的推行，为变革的成功提供有力支持，绩效改进小组要采用一定的步骤来引导变革，对员工实施干预方案的行为进行监督。一旦发现员工存在的困难与问题，就要进行绩效沟通、绩效辅导和绩效反馈等，促进员工更好地开展变革。

当然，经过前期周密的分析和精心设计开发形成的干预方案，需要在组织中实施，最终得到解决问题、提高绩效的作用，这就是绩效改进方案实施阶段，是绩效改进非常关键的一步，在某种程度上决定了组织绩效改进项目的成败。因为即使前期分析得再精确，设计开发的干预方案再恰当，如果没人执行，方案也是不可行的，只能宣告失败。

一个绩效改进方案的引入会引起组织发生变革，所以为了让上层管理者接受并支持绩效改进的建议，让方案的相关工作人员真正落实干预方案，就要使用变革管理的相关知识促使绩效改进干预方案真正在组织的运行中得以实现。

● 评判绩效改进的效果

RAPID[3] 模型的最后阶段是对绩效改进效果进行评估。如果绩效改进达到了绩效目标和参照对象的标准、获得了业务部门的同意，或对流程进行了标准化，那么绩效改进工作就可以结束了。反之，如果绩效改进的效果没有达到预期，就要返回到 RAPID³ 模型的绩效差距分析部分（P），重复某些步骤（例如 P、I 和 D³）的操作，直到达到绩效目标为止。

绩效改进效果的评估，可以考虑采用柯氏四级评估法、员工绩效指标评估法、360 度评估法和平衡记分卡等进行定量和定性的评估。

如何创建适合时代要求绩效改进中心

绩效改进技术（Human Performance Improvement，HPI）的出现，主要是为了帮助管理者更好地解决企业问题。绩效改进技术拓展了管理者的视野，使他们意识到，面对复杂的企业问题，培训只是解决问题的方案之一，在多数情况下，只有与其他解决方案组合使用，才能真正有效地解决企业问题。

如何来创建适合时代要求的绩效改进中心呢？通常，要创建适合时代要求的绩效改进中心，要从以下几个步骤进行：

● **绩效分析**

绩效改进的终极目标是要通过一些针对性的措施和办法，形成整套方案，解决绩效问题，提高组织绩效。其中，确保设计与开发的方案的针对性尤为重要，这也是绩效改进成败的关键。

为了使方案能够针对引发绩效问题的根本原因，就要收集有关组织和个人绩效的系列信息，明确绩效问题；然后通过进一步的分析来查明造成绩效问题的根源，为后期的设计与开发工作做好铺垫。

企业在绩效分析的时候，一定要明确自己的目的：首先，找出组织的绩效序曲，明确组织绩效问题或绩效差距，确定绩效改进的努力方向；其次，找到导致组织绩效不佳的根本原因，明确干预措施的类型，为后期干预方案的设计与开发奠定基础；最后，进入绩效改进工作场所，获得有关人员的支持与参与，为后期设计、开发和实施干预方案做好准备。

• 评估企业需求

需求评估，顾名思义，就是找出组织绩效改进的需求所在。在这个阶段，绩效改进小组需要完成两大任务：一是明确组织绩效的差距，二是判断缩短这种差距对于提高组织绩效的价值。

为此，绩效改进小组需要通过不断地收集数据来回答下列两类问题。

（1）与组织绩效差距有关的问题。相关的问题主要有：

1）组织出现了绩效不佳的问题，抑或出现了新的绩效要求？如果组织出现了绩效不佳的问题，理想状况下组织应该达到什么标准，目前达到了什么样的绩效水平，二者之间差距如何？

2）在组织出现绩效不佳的问题时，各部门与个人应该达到什么绩效标准，目前处于什么样的绩效水平，二者之间差距如何？如果出现了新的绩效要求，那么需要达到什么标准？组织目前处于什么水平？

3）在组织出现新的绩效要求时，理想状况下，各部门与个人应该达到什么绩效标准，目前处于什么样的绩效水平，二者之间差距如何？

通过回答上述问题，就能得出组织中一系列的绩效差距。包括组织整体层面的绩效差距、各部门绩效差距及个人绩效差距。当然，不同的绩效问题或基于涉及面不同，可能有的绩效差距涉及多个部门，而有的只涉及一两个部门。

（2）与判断缩短绩效差距对提高组织绩效的价值有关的问题。相关问题主要有：

1）所识别出的绩效差距存在多久，是否经常出现？

2）所识别出的绩效差距重要吗？

3）这些差距对于组织整体的绩效差距的解决是否能起到关键作用？

4）要缩短所识别出的绩效差距，需要花费多大的成本？

回答上述问题，对所识别出的绩效差距进行排序，选择出对提高组织整体绩效有重要价值的绩效差距，作为后期绩效改进努力的重点。暂时不要考虑不重要的或需要耗费巨大成本的绩效差距，这些差距可以等待组织具备相应条件时再进行考虑。

• 选择绩效改进方案

在选择绩效改进方案时，要考虑很多因素，比如，可行性、成本收益分析、组织与员工的接受能力等，并以此来判断各种解决方案的适合性。

在进行绩效改进的过程中，绩效改进小组找出绩效问题的根源后，要选择合适的绩效改进方案。在选择绩效改进方案时，绩效改进小组要综合考虑方案，对培训部总体绩效提升的影响作用、方案的可行性、投资回报率及时间的紧迫性提出的绩效改进方案以供选择。可是，公司内部有很多限制条件，绩效改进小组团队有两个绩效改进方案不能采用：薪酬体系调整和人员选聘。

通过向业务部门呈现，公司完全可以采用下面的绩效改进措施来综合提升培训部员工和部门的绩效：

（1）流程再造。对新成立的两个科室的工作流程进行梳理，建立分工协作、保障工作质量的流程。另外，新增科室与其他科室的衔接要做好相应的接口和职责分工。

（2）能力提升。对新成立的两个科室的员工提供相关培训，让现有成员提升能力，让新加入的成员尽快上岗，让所有成员能够按照重新梳理和制定好的流程保质保量地完成工作任务。

（3）激励制度的建立。设立一种综合的激励制度来激励专兼职讲师，做到公正、公平和合理。这个方案的选择是基于客户的强烈要求，因为它是培训部当年最重要的工作任务之一。

• 设计和实施绩效改进方案

一旦选定了绩效改进方案，就要设计和实施可执行的解决方案。绩效改进的具体方案可能会涉及六个主要方面，包括：培训、人力资源、组织发展、信息技术、架构和流程再造。因此，绩效改进顾问要根据方案的性质，组织相关的专家来共同设计和实施绩效改进方案。

为了确保实施过程中变革管理的有效性，就下面的问题进行了分析并与公司员工进行相应的沟通：

（1）为了达到业务部门的期望，需要什么样的变化？

（2）绩效改进的差距是什么？

（3）如何确定客户对绩效改进的结果满意？

（4）如何清晰完整地定义变革内容？

（5）这样的变革对现有科室和员工的工作有何影响？

（6）部门主管、员工和变革促进者之间的协作如何？如果没有协作，应当怎样改进合作关系？

（7）可能会遇到什么样的阻力？应当如何解决？

（8）变革的内容与组织的文化相匹配吗？

（9）员工是否做好了变革的准备？如果没有，培训或沟通会议有帮助吗？

（10）人员配备、沟通计划和评估标准都准备好了吗？

绩效改进顾问要通过会议、培训和非正式的交流等方式，及时地将变革的内容和重用意义传递给培训部的相关人员。同时，还要与培训部关键员工形成一个变革小组来领导和支持变革。此外，在实施绩效改进方案的过程中，还可以采用局部试点成功后再全面推广的方式，将变革的负面效应降到最低，并增强项目实施小组的信心。

第四章

数据：人工智能时代的数据收集及分析

人工智能的出现以数据为基础，而数据也是人工智能的核心和关键。离开了数据的收集和分析，绩效改进也就缺少了依据。关于这方面的内容，企业需要了解数据收集的层面、数据来源、收集方法、存储方法、管理方法、分析方法等。在这个以数据制胜的时代，掌握了数据，也就掌握了一切。企业要参考数据分析的结果，修正绩效改进方案，提高绩效改进效果。

数据收集的三个层面

很多企业都出现过类似的情景：

经过绩效管理系统试运行，公司人力资源部着手收集上两个月各部门的绩效考核数据。人力资源部经理突然发现，产品部还有好几个数据未提供。于是立刻找到产品部经理，向他征询 KPI 数据收集的情况。产品部经理反馈，数据不能及时提交责任在营运部。

人力资源部经理又找到营运部经理。营运部经理一脸无奈地说："不是我不想交，而是财务部没有给我数据，我交不了！"人力资源部经理又被推到了财务部，财务部经理一看到人力资源部经理，立刻诉苦说："我们部门的数据收集工作量实在太大，我还有好多数据收集不到，怎么办？他们不提供原始数据给我，我就拿不出最终数据来。"

人力资源部经理走了一圈，结果问题根本没解决，反而更糊涂了。他叫来绩效管理专员，询问这一期绩效考核的过程情况，绩效管理专员一脸茫然。考核结果出不来，工资无法核算并按时发放，下期目标没有制定依据，一大堆的事情让人力资源部经理一筹莫展，甚至开始怀疑绩效管理系统能否继续运作下去。

这种情况，在很多公司都或多或少都出现过，尤其是初次运行绩效管理系统的公司。问题的症结到底在哪里？关于这一点，通常可以从组织、流程和员工三个层面来进行分析。

• 从组织的层面来看

公司战略及公司目标都很明确，绩效改进系统的引进在组织内进行了充分的讨论并达成了共识，公司中、高层对绩效改进系统的重视度比较高。该公司承诺文化比较突出，在公司绩效目标的制定与部门绩效目标的分解时，不仅没有出现公司目标向各部门硬性摊派以及随之而来的目标不认同情况。相反，还出现了部门挑战公司目标，双方合力制定更高目标的情况。

在组织的设计上，该公司在绩效改进系统引进之前进行了公司组织结构的调整。新的组织结构职能划分清晰，部门的输入与输出明确，经过一段时间的磨合之后，部门间的其他工作配合也比较顺畅。良好的组织结构为绩效改进系统的运行搭建了适宜的架构。既然组织的目标和组织的设计没有问题，问题又是出在哪里呢？

我们再来看看组织的管理。通常来说，由于职能划分的原因，部门间的界面往往容易成为盲区，得不到有效的管理。人力资源部牵头组织绩效数据收集工作，需要牵涉到的各个部门打破部门墙，进行紧密的配合。因此，有必要对部门间的界面管理作出清楚的界定。财务部需要收集营运部的数据，这个界面谁来管理？产品部的数据需要营运部来提供，这个界面谁来管理？人力资源部需要财务部提供的数据，这个界面又由谁来管理？显然，公司对这些问题的重视不足，暴露出在组织管理中存在着很多模糊地带。各部门的责权不明确，部门间的界面管理缺失，数据收集的组织协调工作缺乏系统性。

• 从流程的层面来看

绩效改进系统的运行离不开流程的支持。在设计绩效改进系统时，通常能够将数据提供的上下游确立下来，如果流程到此为止，数据收集工作仍然开展不起来。以上例中营运部向财务部提供数据的流程为例，可以从四个角度来进行分析。

（1）是否明确了提供数据的上下游的责权？营运部要提供数据给财务部，那么营运部要提供哪些数据给财务部？双方是否对这些数据指标的定义达成共识？数据需要在什么时间提供？如果提供数据不准确或不及时会怎么样？等等。

（2）是否设立了数据收集的子流程？营运部内部收集数据子流程的具体步骤是什么？是否指定了相应的人员负责？是否设立相应的监控点？

（3）是否有人对流程各步骤间的界面进行管理？如果营运部向财务部提供数据的流程涉及两个或两个以上的负责人，那么，这些人之间的工作由谁来协调？这个数据收集的工作是否纳入他们的考核指标？是否有人来对这个工作进行监督和考核？

（4）是否有专人对全流程负责？是否有人对营运部提供数据的过程进行跟进？

如果以上四个方面的细化工作没做到位，那么，营运部向财务部提供数据这个流程的执行就只能是空谈。

• 从员工的层面来看

通常来说，部门经理对绩效改进系统有比较充分的理解，但普通员工的理解就十分有限。尤其是数据收集这种看似烦琐且不增值的工作，普通员工如果不能站在公司的角度，就不能从整体上理解绩效改进系统的价值以及数据收集对绩效改进系统的作用。如果不能树立全局观和全流程的意识，就不能对自己负责的工作有清楚而深刻的认识，很容易轻视此项工作，执行力也就相应减弱。

案例中绩效数据收集困难是组织、流程和员工三个层面的原因造成的。针对目前的情况，笔者认为有必要立即组织一次绩效改进系统运行分析会。通过暴露绩效数据收集存在的问题，寻求各部门协调配合的解决方法，从而促进绩效改进系统的良性运行。

数据的来源：员工、经理、客户

人工智能时代，大数据的来源有很多，跟企业最贴近的就是员工、经理和客户，完全可以从他们之间入手收集。

• 跟员工收集信息

员工，是信息的重要来源。因此，要想收集到足够的资料，就要将员工充分利用起来。具体的方式可以有很多。

（1）调查问卷。如果想了解某个问题，或想找到某些数据，可以设计一张调查问卷，让员工来回答，然后统一收集在一起，为我所用。

（2）个别谈话。跟员工谈话也是一种了解信息的好方法。比如：利用中午吃饭休息的时间，可以一边吃饭，一边跟员工聊天。这个时间，彼此之间都是放松的，员工更容易将了解的信息说出来，毫无保留。

（3）发邮件。如果想了解某些信息，可以给员工发送电子邮件，让员工逐一答复。

● 跟经理收集信息

经理属于管理层，他了解的信息肯定跟下属不同，即使是对于同样的问题，也会出现不同的答案。因此，如果想了解某些信息，可以从经理入手。

（1）开会。如果部门众多，可以召集各部门经理开个会，让他们发表自己的意见，提供自己所知，更容易碰撞出智慧的火花。

（2）征集信息。可以给经理发送电子邮件，让他们将自己了解的信息总结出来，发给你。

● 跟客户收集信息

客户跟企业有着千丝万缕的联系，他们更关系到企业的发展，因此客户也是信息征集的一个好途径。

（1）打电话直接沟通。如果有问题，可以打电话，直接向对方咨询，不要躲躲藏藏。

（2）请客户吃饭。可以请客户吃饭，联络一下感情，同时将问题抛出去，让客户回答，或者让客户提供建议。

● 大数据的挖掘

要想获得海量的大数据，就要不断进行挖掘，具体方式有：

（1）公开信息的整理。比如，统计局的数据、公司发布的年报、其他市场机构的研究报告、公开的零散信息等。

（2）购买的数据库。市场上有很多产品化的数据库，比如：Bloomberg、

OneSource、Wind 等，可以以公司的名义买入。

（3）自己的数据库。有些数据是外界无法得到的，要建立并维护自己的小型数据库。

（4）向行业专家咨询。有些行业专家会专门收集和销售数据，可以跟他们购买。

- **人工智能时代数据的挖掘**

采用了人工智能技术，数据来源范围扩大。例如大数据，数据挖掘技术的应用：商超消费者数据、网络爬虫抓取的数据、金融机构的消费记录、征信系统的数据等。

数据收集方法：访谈、问卷

我的一位朋友在一家知名的软件企业担任行政部长职务，在一次申报办公电费的过程中，发生过这样一件事：

负责缴纳电费的员工，告诉朋友本月的电费，并让他签字确认，同时说还需要领导签字。朋友签字之后提请上级领导审批："领导您好，这是本月的电费，请审批。"领导却问："为什么是这些数据？你能告诉我原因吗？这些数据正常吗？"朋友顿时茫然，觉得领导问得对，但是他却回答不上来，因为没有准备！

回去之后，朋友询问了负责电费的同事，同事告诉他说，去年基本上也是这些费用。因为现在公司尚未使用空调，所以电费没有那么多。朋友觉得有道理，于是再一次去面对领导，请求审批。

朋友说："领导，现在公司尚未使用空调，电费并不是很多，且与去年同期的费用基本上持平。"领导问："我就是想知道，持平就正常吗？这个数据你能说是正常吗？为什么？"看到领导质疑的目光，朋友越加感到自我工作的失职，内心告诉自己一定要拿出数据，让数据说话！当天晚上，朋友便带领部门的所有员工，分别对照明、动力设备、办公台式机、笔记本、服务器、辅助设施等用电设备与其耗电量做了认真的数据分析。测算的结果接近他们的实际电费。

第二天，带着这样的结果朋友再次来到领导办公室，得到的答复是——我要的就是这个！批复通过！

这段经历虽然已经过去三四年了，但是每次想起就好像发生在昨天，之所以让朋友记忆犹新，是因为就是这段经历，开启了他对数据关注的好习惯！

"大数据管理"的核心就是，通过"数据挖掘"寻找隐藏在数据中信息的过程，如趋势、特征及相关性，也就是从数据中发掘出有价值的信息和知识。使用大数据管理，首先还是要明确两个最基本的定义，即知识发现和数据挖掘。

知识发现（Knowledge Discovery in Database，KDD）是从数据集中识别出有效的、新颖的、潜在有用的及最终可理解的模式的非平凡过程。知识发现将信息变为知识，从数据矿山中找到蕴藏的知识金块，将为知识创新和知识经济的发展做出贡献，该过程输出的结果是规则和结构。

数据挖掘（Data Mining，DM）是通过系统分析从大量数据中提取隐藏于其中的规律，并用这些规律来预测未来或指导未来工作的科学过程。该过程输出的结果是模型，有助于预测未来。

那么，在具体挖掘数据的时候，最常用、最有效的方法是什么呢？

● **访谈法**

所谓访谈法就是通过单独访谈、小组访谈、电话访谈等，从工作场所的工作人员，以及各种方式与组织产生联系的相关人员处直接获取信息。这种方法，要求分析人员要具备较高的访谈技巧，并高度投入。

在工作场所对员工进行访谈，虽然要花费很长的时间，但效果都不错。通过这种访谈，可以发现组织、流程、团队及个人工作岗位上究竟发生了什么。经验丰富的访谈者会努力与访谈对象构建一种相互信任的良好关系，当问题涉及与绩效相关的效率或效能时，这将不是一件容易的事情。访谈者还必须准确地做好访谈记录，用访谈对象所习惯的用语提出问题，并以尊重的态度倾听其意见。

（1）类型。访谈的类型主要有：结构化访谈、非结构化访谈，以及混合式访谈。

1）结构化访谈。访谈者事先制定格式化问题清单，对所有受访者的基本问题和挖掘性提问都一样，把访谈内容控制在预先确定的主题上。

2）非结构化访谈。访谈者与受访者的交谈没有任何预设的格式，访谈的话题可能比较广泛，对不同受访者可能提出完全不同的问题。

3）混合式访谈。把结构化访谈与非结构化访谈结合起来是最常用的一种方法。

（2）用途。访谈法的作用主要有：了解工作细节，了解项目和计划，了解员工对组织和流程的看法，发现工作中的困难，获得关于组织、士气和管理方面的看法，追踪关键事件。

（3）关键技能。访谈是人与人交流和沟通的过程，这样就会对提问者提出一定的要求，需要提问者具备一定的交谈能力，比如：

1）提问题的能力。通过提问，获得对自己有意义的信息。

2）提问能力。及时运用开放式提问，解答更多困惑。

3）营造氛围的能力。创造和谐的谈话氛围，让员工畅所欲言。

4）记录能力。完整、准确地将员工的话记录下来，不要妄加自己的意见。

（4）电话访谈。电话访谈，顾名思义，就是在电话中进行谈话。由于这种谈话是在电话中进行的，因此需要关注一些细节：

1）抽样设计，包括抽样单位和受访者的选择。

2）设计并形成一份问卷。

3）选择一种抽样方法来产生电话号码抽样样本。

4）制作一份用于抽样的电话号码。

5）设计一份访谈者使用的电话自我介绍的草稿及备用说明。

6）雇用访谈者和负责人，并安排好访谈时间表。

7）进行试点访谈并修订访谈问卷。

8）定稿并印制调查问卷及其他表格。

9）培训访谈者和负责人。

10）全面开展被严格把控的访谈活动。

（5）小组访谈。小组访谈是群体访谈的一种普遍形式，小组是由所调查问题的礼仪相关者聚集在一起，并就某个特定主题提供信息。通常在小组访谈中，应做到以下六点：

1）目标群体定位。

2）思想准备。

3）进行小范围的谈话并解释意图。

4）记录小组讨论。

5）停顿及挖掘性提问。

6）疑难应付。

小组访谈有助于绩效问题的发现或绩效的改进，而目标群体的充分互动则对解决未来绩效问题有更显著的帮助。

• 问卷调查法

问卷调查看上去比较简单，甚至还是一种常用收集数据的基本方法。其实不然！好的问卷是不容易设计开发的，从目标人群获取足够数量的反馈更加困难。但只要操作正确，要从大量分散的受众中获得数据，没有什么方法比问卷调查更有效。

问卷调查提供了一种能够准确评估访谈中发现的事实以及意见的广泛性和可靠性方法。问卷简短，才能保证问卷受众愿意回答，并可以大大简化调查后的数据分析工作。如果有必要，对小范围受众进行试点问卷调查，还要根据反馈再大规模修改问卷中的问题，避免收集大量的无用信息。

除非受过统计分析训练，否则在问卷调查的各个阶段，必须要有专家的支持和指导。愚蠢的问卷最常产生的结果是：收集了一大堆数据，但这些数据对组织毫无用处。所以，调查问卷必须从以下问题开始：你想知道什么？得到了想知道的信息，如何利用这一信息？

• 人工智能下数据的收集

随着机器学习、深度学习、自然语言处理等方法的进步，计算能力的提高，各类数据开始有了意义。例如，可以用客户数据分析人口统计资料、购物习惯及其他行为，来改善营销活动和用户体验。

移动互联网时代，用户每天都会通过各种业务，如QQ、微信、网页浏览等产生海量的大数据，运用先进的科学大数据分析技术，必然会得到意想不到的价值。

人工智能算法非常复杂，需要经过数以千计的计算，有时甚至每秒计算一次。科技公司获取用户数据时，需要设置边界，不能触及他人的隐私。同时，在使用用户数据前，必须经过技术手段，保护敏感数据。

数据的存储和管理方法

闪存、PCM 等新型存储介质的引入使得大数据存储架构有了多种选择，可是由于新型存储介质在价格、寿命等方面与传统的磁盘相比没有优势。因此，目前储存的观点是在大数据存储系统中同时使用新型存储介质和传统存储介质，由此产生了多种基于新型存储的大数据存储架构。比如：基于 PCM 的主存架构、基于闪存的主存扩展架构、基于多存储介质的分层存储架构、分布存储与缓存构架等。

• 基于 PCM 的主存架构

PCM 存储密度高、容量大、耗电低、访问速度快。工业界和学术界都开展了将 PCM 作为主存系统的研究。与闪存相比，PCM 存取延迟更短，还能直接按位存取。因此，能够被 CPU 直接存取，更适合作为 DRAM 的扩展。与 DRAM 相比，PCM 具有非易失性特点，适合存储文件等静态数据。

在针对大数据存储的集群架构中，负载均衡主要通过适合 PCM 的数据划分算法来实现。PCM 作为主存系统的思想对于大数据管理与分析有着重要的意义，虽然大数据应用中涉及的原始数据量非常大，但真正有价值的数据及应用每次需要存取的数据量依然十分有限。因此，可以利用 PCM 的高性能、非易失、按位存取等特性，将应用需要实时存取的高价值数据存储在 PCM 中，将 PCM 与 DRAM 混合形成高性能数据处理系统，同时将大规模的原始数据存储在磁盘和 SSD 中。可见，将 PCM 引入目前的存储架构中很可能会解决大数据管理与分析中的性能问题。

•基于闪存的主存扩展架构

与 PCM 相比，目前闪存的应用更为广泛。高速大容量 SSD 设备的不断出现，使得 SSD 在存储架构中的地位也得以提升。在大数据管理方面，目前 SSD 的存储容量还达不到大数据的 PB 级别存储需求，近年来主要的工作集中在利用高端 SSD 进行主存扩展的研究上。

普林斯顿大学的研究人员提出了一种利用 SSD 进行内存扩展的主存管理系统——SSDAlloc。SSDAlloc 在存储体系中将 SSD 提升到一个更高的层次，把 SSD 当作一个更大、稍慢的 DRAM，而不是当作磁盘的缓存。为了提高数据库系统的整体性能，研究者以 NoSQL 数据库系统 Redis 为基础平台，用 SSD 代替磁盘作为虚拟内存中的交换设备，不仅扩大了虚拟内存，还帮助 NoSQL 数据库减少了数据的延迟。

将 SSD 作为虚拟交换设备时，页面交换的代价依然较大，于是便设计出一种基于 DRAM 与 SSD 的混合主存架构。其将 SSD 作为主存，将 DRAM 作为 SSD 的高速缓冲，将这种混合主存结构融入 Memcached，大幅提升了 Memcached 性能。

•基于多存储介质的分层存储架构

基于不同存储介质的分层存储架构，目前主要集中在 DRAM、闪存、磁盘的混合存储上。

一种观点是将闪存作为内存与磁盘之间的缓存。例如，FlashCache 是 Facebook 为 innoDB 设计的块缓存应用。将闪存划分为一个逻辑集合，基于组相联映射的思想将磁盘上的块数据映射到闪存中。当 I/O 请求到达时，FlashCache 会先在闪存中查找该数据是否已被缓存，如果有则直接进行读操作，否则无法访问磁盘。将闪存作为 DRAM 与磁盘之间的缓存进行数据预取或者预写，可以充分发挥闪存读性能好的优点，减少对磁盘的写操作，同时减少系统能耗。

另一种观点是将闪存与磁盘一样作为二级存储介质，手动或自动地将不同类别的数据分配到闪存或磁盘上。

此外，面向分层存储的存储分配方法还应用在大数据文件系统的元数据管理上。在面向大数据管理的分布式文件系统中，利用分层系统存储分配的思想进行元数据管理，可以提升元数据存取性能。其基本思路是采用在元数据服务器上使用 SSD 作为存储设备的方法来加速文件系统。

在存储介质用量组合方面，基本思想是将有限的闪存存储资源进行有效分配，在减少成本的同时满足系统的性能要求。在大数据环境中，存储介质用量组合研究需要考虑复杂的数据负载、系统的可靠性、能耗等多个方面的因素。

Google 设计出一款基于 Colossus 文件系统的闪存分配推荐系统——Janus。他们通过实验发现大数据存储中 I/O 访问主要集中于新建文件，此系统将新建文件存储在闪存层，然后使用 FIFO 或者 LRU 算法将文件转移到磁盘进行存储。他们还设计了缓存性评估方程、经济性评估方程来评估不同的负载需求，进而进行闪存用量推荐。实验结果表明，经过 Janus 的优化，闪存层存储的 1% 的数据，服务了 28% 的读操作，显著提高了系统的读性能。

由于目前闪存、PCM 等新型存储介质与 DRAM、磁盘等传统存储介质处于共存的局面，预计在较长一段时间内新型存储介质将与传统介质同时出现在存储系统中。尤其对于大数据存储环境，其数据的使用频率、规模等都不允许将所有数据都统一存储在集中式的存储设备上，因此基于分层存储的多介质混合存储技术将越来越受到研究者的重视。可是，由于多种存储介质的分层存储存在着多种组合方式，哪种混合存储策略适合大数据应用，在多介质混合存储系统中如何有效地实现数据分配与迁移等问题仍有待进一步探索。

• 分布式存储与缓存架构

目前，基于分布式观点的数据管理是大数据存储与管理研究中的一个热点。

元数据对于整个大数据管理系统的性能起着决定性作用，对于大数据解析、大数据统计、大数据操作优化等有着重要作用。基于闪存的分布式文件系统元数据管理的基本思路是，在元数据服务器上使用 SSD 作为存储设备来加速文件系统。例如：在 Lustre 分布式文件系统架构中的元数据服务器（Metadata Server，MDS）上使用闪存作为存储介质，加速元数据的读写速度。

此外，基于 Memcached 的内存分布式缓存技术也被广泛用来加速大规模数据的访问。而在更为复杂的大数据环境下，其局限性主要体现在：一方面，内存分布式缓存受限于集群内存容量，只能服务容量较小的热点数据，会造成性能下降；另一方面，如果采取扩大集群内存容量来满足更多数据缓存需求的话，会带来高额的成本和巨大的能耗。

现阶段解决方法是，将小容量、高 I/O 负载的缓存处理与大容量、中低等 I/O 负载的缓存处理分离，形成热缓存与冷缓存，其中在冷缓存方面主要采用了闪存技术。

数据分析与可视化：影响因素和原图分析

数据可视化，是关于数据视觉表现形式的科学技术研究，借助图形化手段，能够清晰有效地传达与沟通信息。大数据和互联网时代，从传统的流程化管理方式过渡到基于数据的管理方式是企业未来发展的必然趋势。

● 大数据可视化在各方面的运用

大数据可视化是实现对大数据的有效应用，能够全面提升生产、交易、流通、服务等环节的效率。其具体运用主要表现在以下几个方面：

（1）数据统计分析可视化。传统零售行业，线上和线下渠道分离，各自圈地经营，导致线上和线下数据的孤岛、断层现象严重，数据统计难以保持连贯性、关联性、完整性。建立数据统计分析可视化系统，实现数据的浏览和分析等操作的可视化、交互式应用，对决策者获取决策依据，进行科学的数据分析，辅助决策人员进行科学决策尤为重要。

（2）数据管理与预测可视化。数据可视化，可以帮助医院构建全新的医疗管理体系模型，帮助医院领导快速解决关注的问题。比如：门诊数据、用药数据、疾病数据等，进行实时跟进，有效辅助决策。同时，医生对患者的数据也能得到有效利用，有利于预测复发率、再入院率，让医院能够对资源更加有效地去规划和使用。不仅如此，数据可视化还可以加快临床上对疾病预防、流行疾病防控等疾病的预测和分析能力。

（3）精准营销可视化。技术含量相对不高，进入市场门槛相对低的家电行业，同质化严重，在传播过度的时代，单单依靠价格优势来吸引市场细分和消费升级情况下的新客已是穷途末路。寻求差异化定位和精准营销是当务之急。

通过分析大数据和挖掘用户群的文化观念、消费收入、消费习惯、生活方式等数据，将用户群体划分为更加精细的类别。可以根据用户群的不同，制定不同的品牌推广战略和营销策略，提高用户的忠诚度，培养能为企业带来高价值的潜在客户，提升市场占有率。

（4）用户反馈可视化。对于市场日趋饱和的智能手机行业，企业要将来自贴吧、微博、论坛、电商平台等的评论数据加以整合，构建全面的手机数据管理体系模型，解决消费者关注的问题，进行实时跟进，有效辅助决策。反馈到生产研发环节，迎合消费者实时变化的新需求，占领消费者心智，抢占市场制高点。

（5）分析与运营可视化。对于电商企业来说，针对商品展开数字化的分析运营，是企业必要的日常工作。企业要对销售数据的挖掘有灵敏的嗅觉和准确的把握，建立分析与运营可视化体系，可以帮助电商企业跨数据源整合数据，极大地提高数据分析能力。通过快速进行数据整合，成功定位忠诚度高的客户，就能制定精准化营销策略；通过挖掘数据，预测分析客户的购物习惯，获悉了市场变化，就能提高竞争力。

• 大数据背景下企业绩效改进的建议

随着大数据与各行各业的深度融合，数据可视化对于提升组织决策的判断力、整合优化企业信息资源和服务、提高决策人员的工作效率等具有显著的意义。大数据背景下，企业如何进行绩效改进呢？

（1）设定科学有效的企业绩效目标值。设定科学有效的企业绩效目标值，可以确保整个绩效改进过程得以有序实施。众所周知，传统的人力资源部门在对企业战略目标的明确过程中，主要是根据结构化数据以及相关经验进行综合评估，具有一定的不确定性，因此企业战略目标很难得到有效定位，不利于企业的长久发展。借助大数据这一优势资源，可将企业战略分解成一些具体的小目标，根据其所属的范围将其分配给各个部门，并责任到人，这样可有效防止绩效改进失策现象的发生。

首先，借助大数据资源，人力资源部门可以了解企业所面临的相关风险等级，并可对竞争企业的战略内容展开预测与深入地分析，根据企业实际现状，制定出切实可行的战略方案。市场瞬息万变，在具体的实施中，企业可通过绩效仪表盘等高科技技术对战略目标进行动态化的调整，使其与当前发展相吻合。

其次，人力资源部门可借助绩效改进工具对企业的战略目标进行逐层分解，将其分配给各部门或者个人，使得目标更加明晰，在实施中更具针对性。比如：基于云计算的 HRMS 技术，可以通过组织内部流程的输入端与输出端的参数对战略目标进行设置、取样及计算，将企业的战略目标转化为一种可供操作的工作目标，并将绩效实施标准分配到员工身上，将其纳入个人绩效改进机制中。

（2）建立保证大数据平台运行的组织结构。为了确保大数据绩效改进工作的顺利开展，构建绩效改进组织机构则显得尤为重要。对于一些必须人为参加才能完成的数据信息应采取人工处理方式加以解决，其他信息可借助大数据平台进行智能化操作。如果在数据处理中发现存在系统异常等现象，应及时上报相关部门，加以处理，以免影响数据的可靠性。

此外，还要专门成立绩效改进小组或者部门，应对大数据模式下绩效改进中所存在的系统错误等不良现象。工作人员在终端中所看到的绩效数据若存疑虑，也可进行反馈，及时进行纠正，确保所提供数据的完整性。为了对基于大数据的绩效改进系统进行不断完善，绩效改进小组应对常出现的问题引起足够的重视，深入地分析并提交有效的改进方案，确保绩效改进工作的顺利开展。

（3）构建切实可行的绩效改进机制。在进行绩效考核过程中，应根据企业的实际发展现状，选取最佳的考核机制，对不同部门以及岗位按照工作性质的不同，采取灵活多样的考核模式，构建行之有效的绩效改进体系。

在绩效改进目标的制定中，一方面要确保部门目标与企业目标之间的协调统一性，另一方面要做好各部门之间的协商工作，不断健全与完善绩效改进体系，为绩效考核工作的顺利开展奠定基础。

（4）强化绩效改进的后台监督力度。很多员工在工作中应付心理严重，领导检查时他们会格外卖力地工作，当领导走后他们又回归到散漫的工作状态，采取传统的绩效监督考核机制，则很难准确地衡量出一个员工的实际业绩。处在大数据背景下，借助邮件、通信工具等软件，管理者就能实时了解员工的工作动态。

这些软件所获取的数据信息包括：

1）协调软件中的操作行为。管理者登录界面后，就能了解该网站每日的访问人数以及每个员工的登录频率，知道员工的工作动态。

2）协同事件的响应行为。比如协调数量以及参与协同数量的人数等信息。

3）其他操作行为。比如某文档被点击的次数和修改的次数、文件共享的时间等内容。

（5）重视绩效的反馈与应用。首先，要开展行之有效的绩效反馈。管理者需针对员工的绩效考核结果及在考核中所存在的相关问题与员工进行面谈，了解事件的详细原因。如果员工过于被动，面谈中对存在的问题也不能得到有效解决，就可以使用大数据平台。员工借助该平台就绩效考核中所存在的问题提出自己的见解，管理者及时加以反馈，就能大大提高工作效率。其次，要重视绩效考核结果的应用。通过大数据技术，可以深度挖掘绩效数据背后的规律，对员工后期的工作进行预测，让员工了解职业发展方向及自己擅长的技能，从而在岗位中能发挥自己的聪明才智。

第五章

抉择：人工智能时代绩效改进方案的选择和实施

对于企业来说，任何事项的执行，都需要制定相关的方案，绩效改进同样如此。绩效改进方案的选择和实施，离不开具体的方法，还有一定的选择标准……只有掌握了这些内容，才能促使绩效改进顺利进行。

人工智能时代下可供选择的各类绩效改进方案

有这样一个案例：

爱立信是电信行业的一家跨国大企业，业务体系主要包括：通信网络信息、专业电信服务、技术授权等。在爱立信中国学院的内部培训中，很大一部分是针对不同部分、不同需求来提供的，由部门定制课程，是爱立信中国公司培训课程当中最为重要的一部分。

有一次，爱立信中国学院收到来自一个关键业务部门的培训请求，希望学院能够为其安排一次关于提供沟通能力的全员培训。尽管培训市场上的沟通课程多如牛毛，和学院长期合作且擅长沟通的老师也有很多，但是爱立信学院并没有简单地采用现成的课程，而是投入了大量的精力，深入到部门中进行采访调查，力图找到该部门中沟通方面的真正症结，以提供出更有针对性的课程，弥补员工的真正缺失。

经过对收集到的各种信息进行整合分析，学院发现该部门中大多数员工都是技术人员，虽然独立性较强并善于思考，但不愿意主动表达自己的想法，即使有不同意见，也不愿提出来，总想在工作中慢慢澄清。这些疑惑和不同的意见，往往在项目后期被凸显出来并放大，使得整个团队不得不重新回过头进行讨论和修正，在一定程度上影响了公司的绩效。

据此，学院将课程目标定位于帮助学员克服内心障碍、表达意见、提高表达技巧等方面。在培训课程中，学院使用了从实际工作中采集的大量典型案例，让学员在课堂上演练，通过一个个发生在自己身边的鲜活案例，让员工从态度、知识与技能上都得到了很多的收获。在这个"量身定制"的培训之后，部门的沟通效率大大提高，整个团队的核心能力也大大提升。

（资料来源：引自中人网《爱立信HR：变革之中显身手》，内容有删减。）

爱立信中国学院在"量身定制"项目中特别凸显自身专业化、系统化、本地化的特色，其优势在于能够针对培训对象所面临的不同现状、不同挑战，设计独特的、针对性的解决方案，以达到提升组织绩效的目的。

绩效改进方案的选择标准和方法

实施绩效改进的过程中，出现了很多"走过场"的敷衍现象。因此，要从制度上明确奖惩，奖励那些能为员工考虑、制定绩效改进方案的管理者，惩处那些虽经培训却仍然敷衍了事的管理者。同时，对于那些不适合或不愿意做改进的主管，要予以工作上的调动。

在绩效改进方案制定和实施过程中要注意以下几个问题：

● **绩效改进方案要有实际操作性**

如果停留在理论上，改进方案根本没有存在的必要。根据员工现在的发展水平，绩效改进方案的指导性一定要强，最好是能详细到具体的每一个步骤。员工现在的规范化管理比较欠缺，通过绩效改进方案，也能为以后实行规范化管理打好基础。

● **绩效改进方案要符合 SMART 原则**

绩效改进方案是指导绩效改进实施的标准，一定要有可操作性，其制定的原则要符合 SMART 原则，做到具体、可衡量、可达到、相关联和有时限。这是制定任何一个方案都必须要考虑的原则。

● **绩效改进方案与计划目标制定自由结合**

计划目标的范围较大，既包括了以前做得好的日常工作内容，也包括了需要提高的改进内容。与之相比，绩效改进方案虽然也是根据上一阶段绩效考核结果而制定的，但其更具有针对性，是着重针对绩效低下的原因而制定的。在实际工作中，由于时间等因素的限制，可以将制定绩效改进方案与计划目标结合在一起，通过一份计划反映绩效改进方案。

● **绩效改进方案的控制过程**

任何方案都需要付诸实施，绩效改进工作可以有各种各样的方案，但是改进的过程只有一个。绩效改进能否成功，关键就在于是否能控制改进的过程。只有各级主管在改进过程中给予员工指导和帮助，修正改进方案，才能保证绩效改进的效果。尽管绩效改进是各级主管要为员工考虑的事，但各公司行政人事部门在绩效改进工作中也应该配合其完成工作。

案例：绩效改进方案的四大支柱和四大基石

为了保证培训研发中心和计划控制室两个部门的绩效，制定以四大支柱和四大基石为核心的综合性解决方案。如图 5-1 所示：

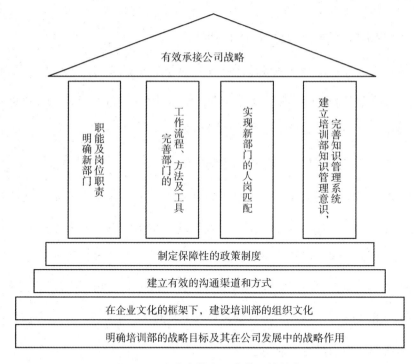

图 5-1　四大支柱和四大基石的综合

其中，四大支柱是保证两个新部门顺利运行的必要条件，包括：明确新部门职能及岗位职责，这是两个新部门明确方向、减少各部分摩擦的先决条件；完善新部门的工作流程、方法及工具，这是两个新部门行使职能的技术保障；实现新部门的人岗匹配，包括员工数量上的匹配以及知识、技能上的匹配，这是两个新部门顺利运转的人员保障；建立培训部知识管理意识，完善知识管理系统，这是知识保障。

四大基石是两个新部门长远发展、提升绩效，真正发挥战略性作用的保障性条件，包括：制定保障性的政策制度，以确保以上四大支持的长期顺利运转；在培训部建立有效的沟通渠道和方式；在 A 公司企业文化的框架下，建立培训部自己的组织文化，强调共同的培训部愿景，强调服务、合作、开放进取等文化；为了让以上所有方案达到效果，需要以终为始，明确培训部的战略目标及其在 A 公司发展中的战略作用。

• 四大支柱

（1）明确新部门职能及岗位职责。新部门的部门职能都还有待明确的地方。

1）对于培训研发中心来说，须明确管理组织职能，弱化课程研发的具体实施职能。只有明确培训研发中心的管理组织职能，才能明确对研发项目监管的方式和监管的程度，保证落实管理学习地图、组织培训课程/项目研发、组织培训大纲编制等核心职责的完成。

2）对于计划控制室来说，须尽快明确计划监控和审批的职能，而非计划制订的职能。从计划控制室应发挥的作用来看，应该是通过有效管理培训计划的过程而提高培训计划的质量，使一线单位的培训需求得到更合理、更充分的满足。如果计划控制室能正确有效地行使培训计划的监控和审批职能，即可发挥以上作用；而如果计划控制室行使的是计划制订的职能，则既不能提高培训计划的质量，又不能管理一线单位的培训需求，反而使培训实施中心的工作受到牵制，影响了工作的积极性。

3）对于资源配置科来说，须尽快明确实物资源配置的职能。由于目前资源配置科尚未实质性掌控实物资源，并不能管理未安排入计划的培训占用实物资源，因此该职能难以行使。而该职能能否行使，关系到培训计划科能否有效管理培训计划。

（2）完善工作流程、方法及工具。根据相关问题造成影响的严重性，建议优化以下几个工作任务流程，并制定相应的工作细则，明确其方法及工具。

1）培训研发中心。制定课程开发、培训大纲编制的工作细则。其中，除了保证工作方法能够科学有效操作外，还要解决以下问题：培训研发中心各科室、各培训实施中心、教员、计划控制室以及人力资源室等相关部门在其中的分工协作；如何进行课程开发、培训大纲质量监控；如何进行授课讲师的转训，以确保其授课质量等。

2）计划控制室。制定年度需求调研、年度培训计划、职教经费年度计划、临时培训需求分析、培训质量评估、培训实物资源管理的工作细则。其中，除了保证工作方法能够科学有效操作外，还要解决以下问题：计划控制室、A公司各培训需求单位、各培训实施中心、培训研发中心、人力资源室、计划财务室等相关部门在其中的分工协作；如何在合理的人员配置情况下按质量要求完成相关的工作任务；如何保证年度培训需求调研、年度培训计划、职教经费年度计划这三件高度相关的工作有序展开，并发挥相应作用等。

3）人力资源室/计划控制室。要优化教员资质管理细则、教员培养工作细则，重点解决教员课程转训与授课资质的衔接问题，以从制度上帮助培训部重视课程开发后的培训工作，从教员授课资质的根源上保证培训质量。

明确多媒体技术科承接非教学视频拍摄任务的流程。由于培训部组建相应部门来负责进行非教学视频拍摄的可能性不大，因此建议将多媒体技术科的资源视为培训部的培训资源之一，由计划控制室统一规划该资源的利用。

（3）实现新部门的人岗匹配。新部门的人岗匹配包括两方面的工作：一是实现人员数量上的匹配；二是实现人员能力上的匹配。针对目前新部门中均出现了较为严重的人员不足的现象，建议根据明确的部门职责和工作任务，重新对部门应设的岗位编制进行规划，增加一定的人员配置，特别是培训研发中心的课程开发科，以及计划控制室的质量安全控制科；增加新部门成员选聘的渠道，尽快补充编制空缺；兼职课程开发人员资质要求、待遇等由研发中心与人力资源室根据公司人力资源制度及相关资源状况统一确定；兼职课程开发员一经聘用，需接受一定工作量的课程开发任务等。

（4）完善知识管理系统。美国生产力质量中心（APQC）对知识管理的定义认为："知识管理是一种有意义的策略，它保证在最合适的时间将最重要的知识传授给最需要的人，并帮助人们分享这些知识，以改进组织行为的方式将信息付诸于行动。"知识管理是创造、储存及分享应用知识以促进组织绩效的过程，其重心是促进隐性知识转化为显性知识，并由此实现组织内隐性知识的分享。知识管理的运行系统包括组织机构、流程系统、操作系统、支持系统四大系统。

对于 A 公司的培训部来说，知识是最为核心的资源，对知识资源的开发和有效利用可以提高培训部的创新能力，从而提高创造价值的能力。因此知识管理对于培训部来说尤为重要，建设知识型组织是 A 公司培训部发展的必然方向。目前，培训部领导层已经前瞻性地意识到了这一点，并正在积极推进各项工作，如正在构建的培训管理信息系统和 E-learning 学习平台，正是知识管理操作系统的一部分。但由于目前知识管理系统仍不完善，出现了大量由于员工新接手工作、经验不足造成的问题。

为了更快地完善知识管理系统，建议分阶段、分层次地建立培训部各级管理者到员工的知识管理意识，帮助大家达成关于知识管理重要性的共识；

全员积极配合，尽快完成培训管理信息系统和 E-learning 学习平台的一期搭建工作，使知识管理工作获得有效的操作系统而逐步推进。

•四大基石

（1）制定保障性的政策制度。在搭建完四大支柱后，要保证两部门的长期运转的高效性，充分发挥战略作用，还需要四大基础工作的配合。首先要制定相关政策制度，保障以上四大支柱的长期有效运转，包括以下方面：

1）教员队伍建设方面。增加讲师选聘的渠道，扩大讲师队伍；暂缓初级、中级教员三年期满后到生产单位轮岗制度的执行，以其他方式加强教员与一线单位的联系；课程研发后增加教员转训环节，并与教员授课资质相联系；建立培训部各部门间的轮岗机制，加强部门间的相互理解和信任。

2）绩效考核方面。设计科学合理的两个新部门相关人员的 KPI 考核标准；设计多媒体技术人员、在线学习人员合理的考核方式，以认可其工作，并发挥激励作用；考核明确对教员参与课程研发、课程大纲编制、E-Learning 教学脚本/多媒体拍摄教学脚本等工作的认可和支持，如实施积分制；考核明确对教员提供多媒体素材、在线学习资源的认可和支持。

（2）建立有效的沟通渠道和方式。沟通是指意义上的传递和理解，组织中的正式沟通是按照规定的指挥链或者作为工作的一部分而进行的沟通。这种沟通中信息的流向可以是下行的，即管理者流向下属的；也可以是上行的，即下属人员流向管理者的；还可以是横向的（同一组织层次的员工间发生的沟通）和斜向的（跨部门和跨组织层次员工之间的沟通）。组织越强调速度和应变，就越需要注重横向和斜向的沟通。

为了达成各部门之间相互理解、相互配合，并形成进行信息共享的氛围，建议通过各种活动加强各部门之间的沟通，包括：通过团队建设、研讨会等多种形式，加强部门间的相互理解和信任；培训研发中心通过定期组织各种教员的活动，如经验分享、优秀研发作品表彰等，与各实施中心教员间加强沟通，增进与教员的联系，同时提升教员的研发技能；建立培训部各部门间的轮岗机制，加强部门间的相互理解和信任等。

（3）建设培训部的组织文化。下面是 A 公司文化的框架下建设培训部的组织文化：

由于大型企业长期发展的历史积累，培训部各单位、各成员或深或浅都反映出一定的本位主义和院墙文化。而现代化企业中，尤其是学习型组织中所倡导的开放、分享、合作、学习、进取等文化则没有得到强调，一定程度上阻滞了培训体系建设工作的开展。建议根据资源状况，逐步开展以下工作：

1）通过宣贯会、研讨会、团队建设等形式，强调在培训部计划控制室、培训研发中心主动提供服务的意义和重要性，并强调建立合作、共享文化的重要性；

2）通过优秀榜样的树立和表彰，宣传体现开放、分享、合作、学习、进取等文化的典型人物和事例；

3）在 A 公司文化的框架下梳理培训部文化，使其真正适合培训部发展的需要；

4）通过培训等多种方式使培训部文化得以显性化，通过各级领导表率作用的充分发挥，使培训部文化得以固化。

（4）有效承接公司战略。培训部作为 A 公司企业发展重要人力资源保障单位，具有不可替代的重要战略作用。其发展规划应该与整个 A 公司的发展战略保持一致，甚至具有一定前瞻性，才能有效承接公司的战略，体现自己的战略价值，并扩大自己的战略影响力。然而培训部各单位对公司战略的重视程度并未达到应有高度，从而出现了很多"为了完成任务而完成任务"的情况，忽略了任务本身的意义。

建议采取以下措施，以最终达到有效承接公司战略的目的：

1）在年度规划时，通过研讨会等形式，各级领导和业务骨干对公司战略及相关市场环境、行业动态进行充分深入的分析，找到培训部、各级部门在公司战略中的位置和作用，在此基础上制定培训部及各单位年度规划和工作重点，并通过充分沟通达成共识。

2）适当减少由上自下的宣贯形式，而考虑结合研讨、主管对下属的一对一面谈等多种沟通形式，将培训部规划落实为清晰、可衡量、可实现的个人工作目标。

3）部门、员工的 KPI 指标制定科学合理，能体现公司战略发展的要求，通过合理的绩效改进系统建立起每个单位、每位员工与培训部战略和 A 公司战略的关联。

4）日常工作中领导强调工作的意义，对支撑培训部战略的意义，使员工逐步形成战略性思维。

5）在充分了解培训部现状、培训行业发展现状及相关市场状况的基础上，培训部高层领导适当参与公司战略规划活动，逐步提升培训部的战略影响力。

变革管理和变革曲线

• 案例分析

德勤是一家世界著名的咨询公司，全球共有 6.5 万名员工。为了了解各部门经理每年花在绩效上的时间是多少，人力资源（Human Resources，HR）做了一个统计，答案令人吃惊，德勤公司各部门经理花在绩效上的时间达两百多万个小时。之后，他们又做了一个问卷调查，问高管对于绩效的考核体系是否满意，结果58%的高管都不满意。之后，HR又观察4492名中层管理者给员工的打分情况，结果存在62%的偏差，员工的实际表现和中层经理打分的差异非常大。

拿到这些数据之后，HR决定改变现在的绩效模式。他们找到切实可行的办法，并和经理们相互沟通，最终设计出一个灵活、实时和个性化的绩效体系。这个系统满足三个要求：一是目标明确，肯定员工绩效，通过不同奖金来激励员工；二是两大挑战，如何应对特殊评分者效应，以及如何精简传统评估、项目打分、共识会议和最终评估流程；三是提升员工业绩，有效激励员工表现。

他们将绩效管理起名为"绩效快照"，每个项目结束时由项目经理给即将对员工采取的行动打分，分为四个方面：

第一，薪酬。根据对此人的了解，如果用自己的钱为他支付奖金，我会给予其最高的奖励。

第二，团队。根据对此人的了解，我希望他能永远留在自己的团队工作。

第三，业绩。此人濒临表现不佳的境地。

第四，发展。此人如今已经符合晋升的条件。

德勤年终评估分为以下几个部分：日常绩效快照分数汇总、团队其他同事表现、工时、销量、员工优势自评。这五个维度供经理参考后给员工打分，就是德勤年终的评估，通过年终的评估就能使这些数据作为绩效结果来运用。

我们来总结一下德勤绩效管理变革：

（1）当前的绩效管理很难满足业务发展需要，需要提升和创新绩效管理的解决方案，使程序变得更敏捷。

（2）变革后的绩效管理包括以下几点：经常回顾和修订目标；经理和员

工的对话应该是双向的；绩效评估不再是给员工贴标签。

（3）德勤重构了他们的绩效管理系统，通过回顾评估他们的商业目标，调整绩效管理的目标和业务目标保持一致，并以员工的优势发展为基础创建了回顾系统和简单的四步绩效评估法。

很多企业的领导者都希望在准备推行变革之初就能够预计未来可能发生的所有事情，能够提前做好准备。但是，当变革发生后，他们却发现以往所期望的结果和愿景并没有出现。相反，没有预见到的困难和麻烦却接踵而至，这难免令人沮丧，失去信心，甚至有些人还认为一开始就不应该推行这次变革。

变革通常是复杂的、耗费大量精力的，有时甚至是痛苦的。现实表明，变革大多要面临重重困难，甚至以失败告终，或只取得了部分的成功。尽管如此，还可以看到很多成功的案例。这些企业通过有计划性的变革管理活动，提升组织与员工的变革准备度，改变并激励员工的思想与行为模式，确保公司有效地执行新的战略。

● **变革曲线图**

实施良好的变革管理是企业成功转型的关键，能让企业比其他公司享有更高效益的股东回报。因此，作为企业的高层领导者，必须重视变革管理，将其与业务同等对待，视之为企业成功经营的重要一环。

变革通常会展示一系列合理的、可以预期的，并能够管理的动态阶段，我们称之为"变革曲线"。沿着这个变革曲线，员工的情感波动大致可以分为四个阶段：

第一阶段，最开始的时候，员工会否定变革的存在，认为此次变革可能跟以往的一样，都会不了了之。当他们发现公司真正在推行新的政策与制度时，会因不想改变现有的"舒适圈"而强烈抵抗这些改变，唯恐对自己目前的工作、地位等造成冲击。

第二阶段，当领导要求他们必须做出改变时，只好被迫尝试新的改变，此时公司也会进一步激励这些新的做法与行为。

第三阶段，看到或感受到变革的好处，才真正对变革做出承诺，逐渐改变自己的思想、工作方法与行为。

第四阶段，当他们改变的时候，企业才能真正享受变革的成功，并促进公司战略的落实和经营的发展。

企业处于变革时期，在固定时间内，不同层级的员工和不同的部门一般会处于变革的不同阶段，经历不同的变化。例如，当组织的高级管理者做出重大变革的决定后，他们大都会比组织内的其他员工更早沿着变革曲线先行。

此外，变革中的组织、部门和个人通常不会沿着变革曲线的顺序一个阶段接一个阶段地不断推进，有些部门和员工可能会停留在某一个阶段似乎不再前进，有些部门和员工也可能会折回以前曾经历过的阶段，或在两个阶段中不断徘徊。因此，了解每个部门和员工在变革曲线中的位置非常重要。

当然，每个公司的变革都有其独特之处，但他们所经历的变革阶段和变革的基本原理都是一样的。在变革的过程中，每一个转折点都很重要，公司必须确保对变革曲线的各个阶段含义有清晰的理解，并进行良好的管理。同时，变革的时间持续多久，是否出现反复，能否推进变革，取决于领导者对变革的认识、要求、宣导、管理和坚持等。

第六章

组织优化：人工智能重构组织架构

组织架构是企业的流程运转、绩效改进等最基本的结构依据，不同的组织架构，配置不同的绩效改进措施。因此，既然要优化组织，就要重视组织构架的重构，比如：消除工作中的苦差事、创造新工作，做好智能化的分析预测、决策的智能化，以及领导力的改进。组织架构的改进和重构，对绩效改进有着重要的意义，不容忽视。

企业转型升级下的组织调整和优化

传统企业的组织结构，多数都是为了满足自身发展和内部运营，结构都是"科层级"的。可是，如今随着信息技术的高速发展，以及互联网思维或工具在各领域大范围应用，商业模式和竞争模式已经发生了改变，企业要想在特定的历史时期获得发展，就要快速满足客户需求，还要快速响应市场的变化。

某精细化工有限公司成立于 2003 年 9 月，公司成立初期，由某化工有限公司控股，主要从事精细化学品的生产经营以及相关领域的技术开发、技术服务与咨询。2007 年 10 月，公司改制，与化工有限公司分离，股权转让，法人变更，公司名称不变。

目前，公司的组织结构模式是典型的直线职能制模式，在核心人才培养的机制建立方面有待完善。公司缺乏配套的人才、流程、结构与责任安排。

精细化工公司在组织结构、运营模式等方面仍存在很多问题。比如：

组织绩效低。组织结构对公司战略目标的实现需求、业务发展有一定的影响。企业决策速度慢，决策不能高效落实，存在很多冲突，部门间因组织程序的相应标准不明朗，各部门目标未能有效服从于企业整体战略。

组织对外界感受力差。组织结构不能创造性地对外界环境变化做出适度反应，各部门主动性不足，部门间横向协调不够，工作热情经常被泯失在部门的消耗中。

组织资源配置不合理。企业内部资源力不足，设备及人员阶段性闲置，工作热度不积极。而相对时间内的局部设备及人员的使用比较紧张。

公司管理层进行了深入的访谈、调研，并认真分析公司的问题本质后，提出了以下解决方案：

（1）完善组织结构。合理完善的组织机构可以帮助企业适应所处的环境变化，实现战略目标，增加对外竞争力，同时有助于企业内部的技术开发，人员素质的提升和企业经营效率的提高。为了完善组织结构，企业做的工作有：建立尽量简单化、再简约化的组织结构，在组织层级中尽量不超过四级；明确各部门及岗位的工作职责，将各项职责落实到岗位，责任到人；围绕以流程服务为导向的职能管理体系建设，通过分层分类的绩效考核制度，将各项目职能落实到具体的工作中；提高各级管理者的能力水平，安排合格的管理者到位。

（2）贸—技—工运营模式的战略转型。贸—技—工运营模式的特点主要体现在：贴近市场与发展的需要，重点关注客户需要以实现资源整合；以客户需要实现技术的研究与产业化更新，整体投资风险小；可以在资金不断积累中实现发展。

贸—技—工运营模式引入的关键在于：前期需求资金不高，但需要掌握客户需要；以贸易为龙头，可以实现技术与产业化向世界一流企业看齐和学习；为了避免被竞争对手模仿，着重提高企业内部的核心竞争力。

时代的变化要求企业必须快速满足客户需求和响应市场的变化。尤其是对于强调效率和成本管控的企业来说，组织设置过于复杂，管理层级太多，必然会影响到效率的提升和成本的控制，只有不断调整和优化组织结构，才能减少矛盾和冲突，才能避免不必要的变动。

● **组织机构调整的方向性**

要想实现企业组织的优化，首先就要确定调整的方向性。明确了方向，也就有了目标。

（1）确定企业战略和经营目标时，必须由外而内，从消费者需求、市场变化、股东价值和同行情况出发。比如，基于核心的业务价值链，需要用高效而简洁的组织和团队来落实公司战略，支撑公司经营目标的达成。

（2）传统的金字塔式的组织设置已经无法满足快速响应和决策，如果是"糖葫芦"式的组织结构，更需要向扁平化、去中心化和交叉管理的组织转变。

（3）未来的组织要实现横向整合化和纵向扁平化。

（4）组织的调整，不仅要能满足经营单位的需要，还要能实现整体业务的平行化和系统化。

● **组织机构优化的原则性**

组织结构优化的原则性，主要体现在：

（1）明确定位。进行组织的优化和调整，要基于公司的战略规划，明确定位和目标，围绕关键业务流程和关键领域，将注意力集中在关键职责和核心问题上。

（2）以终为始。要通过结果来检查组织优化是否起到了效率提升、快速响应和协同化等促进作用。

（3）因事设岗。要依据组织的定位和重点职责，对工作进行分解，并设置合理的岗位，明确工作目标、关键职责和衡量指标，将合适的人才放在合适的岗位上，不要因人设岗。

（4）扁平化。减少管理层级，减少决策流程，实现组织的扁平化。

（5）平台化。职能组织的调整，要实现资源的整合化、服务的平台化和专业化。

（6）管理幅度。在实际操作过程中，要根据企业的发展规模、发展阶段和业务性质等设置不同层级的管理者。比如：高层管理者设置 3~5 个；中层管理者安排 5~7 个；职能主管设置 4~6 个；一线主管安排 15~20 个。

（7）制衡性。结构的设置要能够相互监督，同时职责上也不能合并。

（8）平稳性。因组织优化而导致管理岗位减少的，要对相关人员保留级别和薪酬，让他们依然享受对应级别的福利待遇。

● **组织机构调整和优化的风险性**

组织机构调整带来的风险主要有：

（1）组织机构的调整可能会带来暂时的业绩下滑或利润下降，所以调整组织结构的时候，要坚定方向，找准时机，逐步优化。

（2）惯性思维会阻碍企业的转型升级和组织优化，可以先做做思想教育工作，然后试点，最后再造势，最终实现企业的稳步转型。

（3）组织机构的调整可能导致原有 PK 机制或考核系统的失效。为了解决这些问题，可以设置新的 PK 机制，同时优化绩效改进机制，树立符合公司升级的价值导向，有效支撑和推动公司的管理升级。

（4）企业管理成熟度、管理团队的综合素质和能力、信息化程度等都会影响组织扁平化的成功实施。企业要结合自己的实际情况，调整组织机构或整合相关资源，形成合力。

（5）组织扁平化的优化或调整会打破现有的利益机制，要设定一定的保障机制或补偿机制。

消除工作中的苦差事并创造新的工作

Bersin 的创始人 Josh Bersin 曾经说过："人工智能不是在消除工作岗位，而是消除工作中的苦差事，并创造新的工作，而且这些新的工作更多的是依赖人类特点的岗位。"机器人与人类相比，没有同情心和同理心，他们不懂换位思考，没有情感关怀，更不会进行批判性思考。目前，虽然机器人已经代替了部分基础性、机械性的工作岗位，但是随着人工智能的发展，必然会出现更多的就业机会。

案例 1：无人驾驶汽车调度员

无人驾驶是智能化的终极体现，随着云计算、人工智能、现代传感、信息融合、通信以及自动控制等高新技术的不断进步，无人驾驶汽车的发展速度必然会不断加快，同时人们对无人驾驶汽车的接受和需求度也在逐渐提升。但是，无人驾驶技术也不是十全十美的，需要无人驾驶汽车调度员、城市规划部门、交通部门之间的合作，对路面上的无人车实时监控，确保它们遵守交通规则，并为其处理交通事故。

案例2：AI立法专家、学者

人工智能虽然可能赋能于人，带来效率的提高，但是也会带来一定的安全、隐私、尊严、正义、自治、数据所有权等风险。再加上，国内的人工智能立法还处于一片空白，而随着人工智能的发展，人工智能衍生出来的法律问题不断出现，需要专业人士进行专门研究。

案例3：AI训练师

人工智能目前只能完成少量的、重复性工作，需要用足够多的数据、案例来训练它们，提高它们的智能性。"AI训练师"是一个新兴岗位，由智搜（Giiso）联合创始人兼首席科学家郑海涛博士提出。一次受邀TED做演讲，他提到：机器的学习进化需要人类的参与，需要我们告诉它什么是对什么是错；机器根据我们的反馈进行学习，才能不断进化，才能变得更加聪明。

● 新技术消除工作中的"苦差事"

德勤《2017全球人力资本趋势》报告指出，新技术正以前所未有的速度向前发展，包括人工智能、移动平台、传感器和社会协作系统等，这些技术正在不断颠覆人们的生活、工作和沟通方式，企业和员工也正在遭受着前所未有的压力；移动设备、传感器、人工智能以及机器人正以空前的速度影响着人们的生活与工作的方方面面，人力资源管理者更要重新审视未来工作，思考劳动力管理、技术和数字化人力资源管理。

德勤贝新管理咨询公司创始人乔希·贝辛认为："人工智能肯定不是在消除工作岗位，而是消除工作中的'苦差事'，并创造新的工作，而且这些新工作更多的是依赖人类特点的岗位。"更多依赖人类特点的岗位是指依赖机器尚不具备的人类特点的工作，比如，同情心、交流和跨界解决问题。更多的是从事"苦差事"的员工不得不接受再培训，或者转移到新的岗位。

南加州大学马歇尔商学院教授约翰·布德罗曾经在《哈佛商业评论》上

发表的《未来，这个世界只有四种工作模式》一文指出，机器人、无人车、商品化传感器、人工智能物联网，将对劳动生态系统进行重构，使得灵活、分散、即时的劳动力足以适应快速的业务再造。分析、算法、大数据和人工智能在逐渐取代传统工作岗位的同时，在人机协作领域创造了新的工作岗位。同时，认知商业能够基于结构化数据提供全面的人际互动，基于对自然语言的了解和解构，组织和人才通过利用自动化技术，构想和设计更加优化的人力资源管理流程。

因此，人工智能时代的到来，技术革命与智能制造催生新的组织生产方式，形成人机共存的组织生态。机器大军的崛起必然会导致一些低技能工作者的失业，也在逼迫我们要不断学习，形成学习型组织。同时，智能机器也将成为员工的得力助手，替代员工完成一些重复性高、基础性的工作。借助新技术，组织的边界被极大拓展，人的潜能得到极大释放。

● 人工智能颠覆人力资源管理模式

对于传统的人力资源管理中耗时耗力的工作，如考勤、搜索简历等，可以通过人工智能技术，将人力资源管理者从琐碎的事务中解放出来。

人工智能的价值在于帮助甚至替代人类完成任务，提高效率，降低成本。随着互联网、科学技术对人力资源服务行业的渗透，新的人力资源模式不断涌现，"人工智能+HR"的模式正在逐步重塑中国人力资源服务领域生态。如果将人工智能运用到人力资源管理中，必然会极大地提升人力资源管理效率，发掘管理的内在潜能。

智能化的分析预测及决策的智能化

及时、准确的统计分析能够为企业提供有效的生产资料投入、产出、销售等数据，是企业制定发展规划和宏观动态调控决策的重要依据。决策的智能化，是企业实现精细化管理的重要手段之一，在企业管理中发挥的作用越来越突出。

案例：

德尔格是医疗和安全技术的国际先行者，于 1889 年成立于德国吕贝克（现今总部）。这个家族已经历经了第五代，走向了全球并且列入 DAX 股票指数。

"生命的技术"是德尔格的基本准则和使命。无论将技术运用在哪里，德尔格的产品都在保护、支持和拯救生命。

在安全技术领域，德尔格给客户提供了完整的危害管理解决方案，重点关注人身安全和保护生产设施。安全分公司现有安全产品组合包括：固定式和移动式气体检测系统、呼吸防护、消防设备、专业潜水设备以及酒精和毒品检测仪。

德尔格在全球有近 13000 位员工，遍及世界 190 余个国家。集团在 50 余个国家设有销售和服务机构。其研发和生产基地位于德国、英国、挪威、瑞典、南非、美国、智利、捷克和中国。

作为医疗和安全技术的国际先行者，德尔格很早就意识到信息化的重要性。其奉行精细化管理，以流程为核心一直以来都是德尔格的管理理念。

德尔格非常重视"流程"，因此德尔格的企业信息化更多的是围绕着"流程"展开的。比如：ERP（企业资源计划）、CRM（客户管理系统）、SRM（供应商管理关系管理）、MES（制造执行系统）、WMS（仓库管理系统）等。

（资料来源：引自百度百科《上海德尔格医疗器械有限公司》，内容有删减。）

大数据最重要的职能就是反映市场需求，帮助企业快速了解价格指数变化、竞品销售情况等数据，及时调整生产计划，提高生产的灵活性和精准性。

所谓决策智能化就是，构建大数据，使数据转化为洞察，再由洞察产生行动，从技术上提升洞察分析能力，同时实现组织、管控、能力等同步提升，保证"感知—洞察—评估—响应"的顺利运作。

智能化的数据分析系统，不仅可以规范整合企业的信息资源，帮助员工更高效地进行工作，还能为管理决策者提供有效的分析工具，帮助他们全面把握企业现状，合理预测企业发展。

进行智能化的数据分析，可以将企业内部所有的信息数据结合在一起，进行展示和分析。在一个接口内，使业务员知道与业务相关的数据，使管理者了解公司的运营状态，使决策者掌握所有的系统数据。最终使数据与数据的累积、系统与系统的相加不再增加企业的迷茫，而成为企业运营和决策的根本依据！

任何时代的商业都要受到所处时代技术的影响，目前移动互联网、云计算、大数据、人工智能、物联网、区块链等技术方位改变了我们所处的商业，改变了企业的运营和管理，改变了企业运营的交互方式、营销、生产模式、分析和预测。进行智能化分析预测，可以为决策的智能化提供依据。

数据驱动的科学决策是为企业资源优化配置的利器。数据显示，企业数据智能化程度提高10%，其产品和服务质量就能提高15%左右。

● 智能财务

财务报账非常烦琐，效率异常低下。进行智能化分析预测，完全可以让员工把原始单据通过拍照上传的方式，实现轻松报账，甚至还能将机器学习的相关技术充分利用起来。现在，最新的财务服务已经是一个智能的财务服务。

● 智能 HR

在企业人力资源领域，要以员工为中心，通过系统和平台更好地支持和响应员工的各种请求。要基于人才测评模型进行自动化智能测评，帮助企业从大量招聘对象中挑选适合的人才。

● 智能营销

营销领域涉及人、产品和营销场合。在人员方面，电商平台已经做得很优秀，能够根据消费行为推荐适合的商品，商品定价也会根据区域时段和供货情况进行灵活的智能化定价。营销领域应用今后的重点是，实现营销整个过程自动化，对客户服务和响应进行自动化。

● 智能制造

智能制造领域，生产环节、装备智能化环节已逐渐全方位实现自动化。在客户服务方面，产品本身的智能化以及在制造这个过程的管理智能化也在快速发展。

● 智能协同

在协同办公领域，企业员工、上下游及生态伙伴，要实现更高效的工作协同。以往通过协同软件，在新的阶段智能化的助手会比以往协同软件更加灵活地响应办公、协同过程中的各种场景。

打造高绩效组织之领导力的"突围"

人工智能时代，在绩效改进的实施上，很多企业都存在类似的问题：运行了高质量的绩效改进方案，却无法得到高价值回报。这种无力感时常困扰着企业经营者和人力资源部。其实，绩效改进没有有效落地的根本原因还是在于"人"。管理体系改变了，但执行管理体系的人没有转变，管理者的思想没有转变；绩效改进的流程更新了，执行绩效改进机制的人的头脑没有更新。管理者的思想观念没有转变，绩效改进也就成了企业经营者或人力资源部的一厢情愿。在这种状态下，绩效改进方案该如何有效落地？在人工智能时代，领导力该如何与企业未来的发展相匹配？

如今，人才形势异常严峻，要想在激烈的竞争中获得一席之地，企业必须培养能够应对未来的领导人才，构建完善的人才体系。

● 打造随时可以作战的领导梯队

要想实现领导力的突围，首先就要填补领导梯队的空档。以医药行业为例，导致领导梯队缺乏的原因之一就是爆发式的增长，比如数据医疗、网上医疗、生物科技，一旦团队被挖走或被整合，就会导致人才的供给不足。另一个原因是，企业内部不重视人才培养，人才流失严重。

要想填补领导力梯队，理想状况是三分之一从外面招，剩下的在内部培养。可是，如今很多企业颠倒了这个比例关系，多数从外面招，有些企业甚至全部从外面招。

另外，企业期待领导者出任新设关键岗位时，希望用一半的时间来达成目标绩效。但是，领导力的培养需要经过系统性的培养和适应，不能将领导力培养计划变成"洗脑计划"，更不能只是将简单的技能教给候选人。

● 创建一种参与文化

创建参与文化，就能谋求更大的动能，打造企业的敏捷度。对企业来讲，怎么应对不断的变化，比如：产品研发的变化、政策法规的变化等，是促使企业成功的重要方面。

文化创新，既可以让企业重生，也能让企业毁灭。

首先，文化创新是企业发展的催化剂。数据显示，企业在改善组织文化方面主要的推动力是提升组织协同与合作，提升组织绩效。同时，就改善文化方面的常用方式来说，大部分人选择的都是沟通和领导力发展。但是，现在很多企业的沟通依然局限于对业绩方面的短期沟通，没有对组织文化进行识别，也没有进行有效的沟通，其中包括员工敬业、未来企业战略定位等。

其次，只有让员工参与文化建设，谋求更大的动能，才有助于成员克服困难、共同创新。现今，人才形势非常严峻，而打造能够应对未来的领导人才、构建培养完善的人才体系是企业的制胜法宝之一。领导者带着使命感去领导员工、积极推动变革、参与文化建设、提高自身敏锐度、打造敏捷组织，企业才有可能实现可持续发展，打造高绩效组织，并在竞争激烈的人工智能时代勇往直前。

● 激发员工的自我意识和责任感

要想构建教练式辅导的环境需要从两个方面入手：一是激发员工意识，二是帮助员工树立责任感。这是两个基本点，要始终牢记，后面所有的技能和方法都围绕这两个基本点展开。离开了这两个基本点，就无法对员工进行深度辅导，甚至会被员工认为是管理者在耍手段、炫技巧。

我们虽然能影响和控制自己意识到的事情，但意识不到的事情却会对我们形成控制。对自己能意识到的事情，可以判断出它的利弊，知道它的具体状态，知道如何和它相处互动，进而掌握局面；而对于不知道的事情，却无法做出清晰的判断，无法对其产生具体的影响。因此要不断激发员工的意识。

什么叫激发意识？例如，我手里拿着一款金色手机，说："小张，这个手机是金色的。"这种方式不叫意识激发，是在告诉员工一个事实，员工没有参与进来，只是被动地接受了一个结果。换种说法就不一样了，我问："小张，这个手机是什么颜色的？"为了回答准确，小张就要动脑思考，就要在多种颜色中搜寻，最终通过思考，告诉我："是金色。"

因此，激发员工意识的最有效方法就是提问。跟员工探讨目标和计划的时候，管理者要多问多听，要多向员工发问：你是如何理解这个目标的？你准备从哪几个方面着手开展工作？你打算先怎么做？你有什么困难？你需要谁的帮助等。

当管理者通过有效的提问激发了员工的意识时，员工就能自己描绘工作目标，并且在管理者的帮助下，反思现实，寻找可能的解决方案，最后为达成目标下决心做好工作。解决了意识激发的问题，员工的思维就被调动起来了，参与感也就增强了。

● 掌握提问的 GROW 法则

要想让自己提出的问题有价值，要练习最佳提问顺序，即 GROW 法则。在英文里"GROW"是成长、长大的意思。GROW 是四个英文字母的组合，分别是 Goal（目标）、Reality（现实）、Options（选择）、Will（决心）。辅导的最终目的是帮助员工成长，这是管理者的唯一价值。

（1）明确目标（Goal）。目标包括最终目标和绩效目标，两者缺一不可。管理者要帮助员工明确理想和抱负，帮助他们找到工作的意义，明确绩效目标是明确近期可控目标，保证绩效目标的最终实现。

（2）帮员工梳理现实（Reality）。要帮员工梳理一下：现实是什么？现实都发生了什么？在知识技能和经验方面存在哪些欠缺？在人财物的资源方面存在哪些不足，外部环境如何？什么人可能会影响目标的实现？什么人支持，什么人反对？等等。

（3）帮员工找到解决方案（Options）。针对目标和现实，有哪些解决方案可以选择，是 3 个还是 5 个，还有更多吗？这个环节最关键的就是不断追问可能性，尽可能把选择方案丰富化，便于后面下定决心做出更好的选择方案。

（4）帮员工下定决心（Will）。目标明确了，现实已经判别清楚，可供选择的方案也已经找到，那么，这些方案的可行性如何？哪些方案可以立即实施？具体从什么时间开始？哪些方案还有障碍或疑虑，如何分析判断？

● **把主动权还给员工**

进行绩效实施的时候，管理者要持续关注员工的表现，及时做出反馈。管理者要把主动权还给员工。

要做到这一点，管理者要注意沟通和反馈的方法，在对员工进行反馈的时候，不要急于发表见解，更不要轻易给出答案，而要提问员工。例如：你的报告的核心意图是什么？你准备怎么表达？你现在正在做的和你想要表达的一致吗？如果存在问题，那是什么，你准备怎么解决，具体可以分成几个步骤？促使员工主动思考，寻找答案。

第七章

管理变革：适应人工智能时代的管理策略

企业不同，领导者不同，管理工作的策略也就不同。同样，不同的时代下，企业也要采用不同的策略。人工智能时代，依然坚持使用过去的管理策略显得有些落后，会给企业管理带来很多负面影响，因此一定要进行必要的管理变革，必须明确管理对象的变化，处理好人与机器、人与组织的关系，重视管理智能化的趋势，做好自我管理……让企业迸发出新的活力。

人工智能时代企业管理对象、方式、目标、手段的变化

人工智能时代既是美好的时代，也是恐怖的时代，既可能使人类获得前所未有的解放，也可能将人类几十万年的演进毁于一旦。这种好与坏的方向取决于人类是否意识到这种可能，并尽可能地做足坏的防范和好的引领。对于管理者来说，必须尽早思考在人工智能时代管理所面临的变化。

人工智能时代，企业管理对象、方式、目标和手段已经发生了巨大的改

变，既然要变革管理，就要将这些问题搞清楚。

● 管理对象的变化

一直以来，对于人性的假定和探索都是管理学研究的出发点。哈佛大学梅奥教授在霍桑实验中发现，管理学中的人是社会人，他们不仅在意经济利益，也在意工作中与他人的关系。或者说，管理学中研究的人是计谋人，他们会评估经济利益与非经济利益，做出对个体有利的行动。

还有，基于"人之初，性本懒"的观点，麦格雷戈提出了管理中的 X 理论，提出了组织激励中的 Y 理论。但是总体来说，对于人的"无赖假设"是西方组织体系、机制、制度设计的出发点；对于"套路"或者"潜规则"的运用，也是计谋人普遍采取的策略。

到了人工智能时代，关于人的各类数据连续被采集、分析和反馈，慢慢成为"透明人"和"空心人"。人在实现个体目的时候很难不被发现。智能时代对于人的管理，其出发点是"人之善"，计谋人将很难存在。另外，越来越智慧的机器人，将成为被管理对象。

对于机器人的管理，不能简单地将机器人看作物品、机器、奴隶，更应该看作另外一种平等的智慧体、合作的智慧体、具有协商机制的智慧体。当人变得越来越"透明"的时候，尚处于灰箱机制的机器人就要开始关注成为未来管理学的对象。从这一点上来看，未来的管理学必然会面临巨大变化，管理者要认识到肩负的重任，并努力前行。

● 管理方式的变化

在管理学的发展史上，组织为了提高劳动者的绩效，车间流水线之父亨利·福特还有事业部创建人通用汽车总裁斯隆，都在组织管理方式方面做了历史性的探索。

福特的车间流水线模式，按照程序安排工人和工具，运用工作传送带传送工具，使用滑轮装配线转运备件，极大地降低了工人的多余活动和动作，将工人固定在流水线上，用标准化的动作来完成既定工序。

福特时代，车间就是组织管理的基本单元。但是随着企业规模的不断扩大，仅靠车间的高效运转很难带来整体的高效，只能带来组织内部的巨大内耗。为了解决这个问题，小艾尔弗雷德·普里查德·斯隆在通用汽车公司构建了科层式的分权集中管理模式：建立专业、冷静、精明的管理团队，划分高效、可靠、机械的管理流程，运行分权经营与集中控制管理，授权事业部获得前所未有的责任，定位企业高管更加关注战略，引领组织的分权化。到目前为止，这种科层式管理方式依然被运用在大中型组织的日常运作中。

不可否认，斯隆的科层式管理方式发挥了重要作用，但这种方式的假定使大型组织人员过多，不同分工形成了很多单元、信息不畅、沟通成本高。人工智能时代，人不再是劳动的主要完成者，机器人将成为主力，智慧的中央调动平台会让信息实时畅通，最优的决策会在第一时间下达给下属，如此科层式管理方式是否还有留存的必要，就值得思考了。

● 管理目标的变化

在整个 20 世纪，组织管理的目标都是绩效。但是在人工智能时代，机器人的大量运用将使企业的生产能力和服务提供能力达到前所未有的水平，社会物质的极大丰富，产品价格越来越低，物质带来的绩效感快速下降。一方面，机器替代人类节约出大量的空闲时间，另一方面，人工智能的精确管理与精准技术大幅地延长了人类的寿命。因此，时间不再是制约性资源，如何花费时间过上明智、合意且完善的生活将会成为一个社会性问题。

有了大量的闲暇时间，人们对于精神需求的渴望就会快速增长，人工智能时代的企业绩效目标将会变成——为客户更加高效地提供丰富多元的精神产品。社会需求的调整，企业必须将"提供更丰富、更个性化的人类精神服务产品"作为智能时代的经营目标。

• 管理手段的变化

工业经济时代，为了更好地度量劳动者的劳动量并给予相应的奖惩，企业都会设计各类关键绩效指标，并将这些指标作为管理的手段和工具。但是到了人工智能时代，企业要提供丰富多元的精神产品，而这种创造性的精神产品很难通过一套设计好的 KPI 体系来评估，员工的创造性也很难通过 KPI 的压力来激发，对于表现好的员工更无法通过单一的物质奖励来产生激励效果。

人工智能时代，可能采取的管理手段是让工作和人的兴趣保持一致，通过人的内在价值追求来驱动创造力，通过实现人的成就感来实现企业的经营目标。此外，已经获得较高智慧的机器人在长期学习中也获得了情感，应该采用什么样的管理手段，是一个还未解决的问题。笔者认为，管理者要尽早考虑以下四个问题：

（1）充分认识人工智能带来的人的问题、机器人的问题，认真反思经典管理知识，尝试思考"在这样一个关于人的特性发生变化的时代，应如何构建新的管理学理论丛林"。机器的人化到人的物化，从物质的匮乏到精神的匮乏，从时间的稀缺到创造力的稀缺，从外力驱动到内力驱动，从超大型组织到小而美的灵活形态……这些重要的变化都将对管理学产生重要的影响。

（2）积极思考以人的自由发展为目标的新型组织管理理论、国家治理机制创新和全球治理机制创新，让所有人一起来共享人工智能带来的自由发展机遇。人工智能是人类有史以来最具颠覆性的技术进步，不进行宏观层面的机制设计与管理调节，很可能直接导致人类社会的两极化。一部分人坐拥大量资源，进阶到"自由国度"；多数人被赶到社会边缘，直接"被抛弃"。

（3）认真考虑人工智能带来的关于高等智慧体的管理问题。相对于前两个问题，这个问题解决起来更加困难，更加具有不确定性。人类孕育了高等智慧体，但并没有充分掌握高等智慧体的所有智慧，这就为高等智慧体的失控留下了隐患。但是无论如何，在孕育高等智慧体的同时，还要为他们建立和谐共处机制，为风险做好预防。

（4）不断推进各个学科之间的协同与共享。在技术的驱动下，企业从工业革命，到信息化，到大数据，直至智能化，每一次技术革命都极大地提升了生产力。但是智能化却是第一次让人对于时间、死亡、遗忘甚至痛苦失去了概念，动摇了长久以来的哲学基点，或许将成为智能时代人类最大的痛点。因此，改变管理手段的时候，就要尽量推进不同学科之间的协同和共享。

新课题：人与机器、人与组织等

● 人工智能时代，需要跟机器打好关系

人工智能时代的主角是机器人，当机器人成为我们日常生活中的一分子，我们将如何与它相处？对于回答这个问题，很多电影为我们做了提示：

电影《人工智能》中，机器人男孩大卫"爱"的意识觉醒，想变成真正的男孩，回到妈妈身边，结果却是美梦一场。

电影《机械姬》中，人工智能开始真正反噬人类，学会了"欺骗""同情""引诱"等高级情感。更可怕的是，它们还完全融入了人类社会。

电影《攻壳机动队》中，人工智能被嵌入了"赛博朋克"的灵魂，在科技发展和自我意识探讨方面上升到哲学层面。

……

人工智能时代的机遇和挑战并存：一方面，我们的日常生活会更加丰富，

生产会更加智能化，能够节省大量的劳动力资源，能够更高效地利用时间与享受生活。另一方面，随着科学技术的飞速发展，可能出现影片中展示的一些不足，要权衡利弊，学会辩证思考，针对发生的风险及时做出应对。

人工智能发展的速度究竟如何，我们都无法预料，但不可否认的是，如果不紧跟着时代的发展而发展，很可能会被人工智能时代所淘汰。

• 人工智能时代，如何在组织中提高竞争力

设想，如果在不久的将来，人工智能会接管你工作中的多数繁重任务，该如何保持自己的竞争力？

（1）扩展知识结构，将自己打造成"T型"人才。"T型"人才，纵轴代表专业深度，横轴代表思维广度。也就是说，既要掌握某个专业领域深厚的知识和技能，还要对其他领域和学科有着浓厚的兴趣和求知欲。一旦具有多学科知识背景，看问题的时候，就能够多视角，就能多一些创新性。比如，世界知名的商业创新咨询公司 IDEO 的设计师，不仅具备工业设计、交互设计、沟通设计或商业设计等设计专业背景，还广泛涉足宏观经济学、认知科学、食品科学、人类学、应用语言学、基因工程等学科领域。只要宏观思考能力和抽象思维能力强于计算机，就会有工作可做。把自己打造成"T型"人才，就可以将低层次工作交给机器，自己专门从事更高层次的整合、创新工作。

（2）找到自己的热爱，专精于此。与"T型"人才不同的是，更要在方寸之地深耕细作，在职业技能上拥有个人的独特品牌。因此，要找到个人热爱的领域，将注意力集中于此，乐此不疲，提高学习动力。要利用机器建立自己的数据库，跟上时代潮流。

（3）在现有职业的工作模式中不断磨炼。人工智能给人类带来了巨大的变化，未来需要的技能既要经得起时间考验，又要能应对多重挑战，比如：解决问题的能力、在流动团队中工作的能力等。但任何人都无法知道未来会

发生什么，究竟需要哪些技能，只能不断地磨炼自己，才能在未来足以应对可能的变化。

（4）发掘多元智能，施展天赋才能。空间智能强的人，可能无法明确说出自己是如何画出一幅传世之画的；语言智能很强的人，可能无法让机器理解自己的幽默。发掘出自己身上无法言喻的独特才能，并施展这种才能，自然可以超越于机器。

（5）学会和人工智能合作。要想在人工智能时代的职场胜出，就要改变思维方式，学会和机器共同工作，将智能机器看作共同解决问题的合作伙伴。不仅可以借助人工智能来处理文件和数据，还可以介入对计算机的干预，更能顺势前行，为新机器寻求与人类能力相互增益的新方案。

智能化办公、智能数据监控、智能配置

● 智能化办公

工作空间的不断革新为办公空间带来了新的需求，那就是智能化办公。可是，目前针对办公空间的智能管理产品，依然稍显滞后，远不能满足人们对工作方式灵活化、创新化、便捷化的追求，更无法迎合以年轻人为主的工作主流群体，企业办公空间的使用率也无法达到最高。因此，智能化办公空间的升级，是未来办公空间设计的重要组成部分。

目前，智能化办公空间主要包括智能办公系统、智能电力系统和智能办公家具等。其核心是智能化产品的普及和新技术的研发与应用，通过应用在布局合理的办公空间中，实现物理空间与多种智能软件的无缝连接，可以有效帮助企业合理规划办公资源、节省办公成本、提升员工的办公体验。

（1）智能办公系统的应用。智能办公系统基于协同办公理念，将日常办公电子化、网络化、规范化、统一化，实时跨部门、跨区域的办公模式，达到节约时间、节省成本、提高工作效率的目的。

（2）智能办公家具的应用。智能办公家具也是实现智能办公空间重要的一部分。首先家具的设计要符合人体工程学理念，然后将创新的科技元素融入到办公家具中，让办公人员既能享受到舒适的空间，又可以降低不必要的身体消耗，提高工作效率。

● **智能数据监控**

信息数据采集是企业发展需要做的一项重要工作，但人工进行信息数据监控并不容易，想要得到理想的结果，需要投入大量的人力、物力和时间。为了提高信息数据监控的效率和普遍性，就要借助具有一定的智能系统进行数据的监控。为了增大信息监控的准确性，需要设计一种判断方法，避免重复监控的现象，使结果尽可能准确。

● **智能配置**

人工智能时代，对人才的需求也截然不同。未来社会，需要更多深度的、创意性的人才。能够被合理配置的人才通常都具有以下三大特征：

（1）具备深度思考、分解问题的能力。未来，重复的脑力劳动很可能会被人工智能取代，但是不可重复的部分，针对不同场景分解问题的能力是很难被取代的，这也是提高个人竞争力的必备。

（2）能够和机器人对话。未来的人才需要和人工智能共存，尤其是专业人才，更要能够跟机器人对话，其基础是计算思维、逻辑思维等。近年来逐渐兴起的 STEAM 教育模式，就能培养未来人才的这些能力。

（3）对于人性、文化、情感等敏锐感知。这是未来社会个体的差异化发展与个人和社会良性、健康发展的基础。

管理创新+人工智能＝转型成功

"羊毛出在狗身上，猪买单！"这是如今互联网思维大潮中广为美谈的一句话，用在管理转型上十分贴切，也印证了在全球化浪潮冲击、技术变革加快及商业环境改变更加不确定的时代，决定企业成败最重要的因素，不是技术，而是商业模式。

随着移动互联网、物联网、大数据、区块链、虚拟现实、人工智能、基因技术、纳米科技等新技术的纷纷出现，一场以大数据和人工智能为代表的智能革命正在悄然发生，人、社会、商业又一次迎来了进化转折点。数字经济正在渗透至人们生活的方方面面。

企业传统管理思维更符合"工具论"的一般原理。管理被视为主体，通过"互联网+"的方式体现出工具效应。而"互联网+"在互联网技术和互联网经济环境下，探索企业符合当下经济趋势的方法、规律、原则，将互联网及相关优势应用到社会各项事业建设中，这其中就包括企业管理创新。

● 向"以用户为中心"转变

传统商业经济时代受限于社会体制、经济制度、市场环境以及盈利思维。现在由于互联网的影响，消除了信息不对称，基于大数据技术可以有效实现市场和用户的预测，用户的涵盖范围也愈加广泛。任何一个人都可能成为企业产品的用户，而将这种"可能"转化为"现实"的关键，就是符合用户的需求。关于这一点，企业可以通过互联网技术，进行低成本的市场调查和用户体验收集。

海尔公司提出了著名的"人单合一双赢"战略："人"是员工，"单"

是用户价值。其实，要想将每个"人"和他的"单"连接起来很难。德鲁克指出，每个企业都要问自己：我的客户是谁？我给客户创造的价值是什么？很多人回答不上来。不能说做鞋的一定要卖给买鞋的，问题是人家为什么要买你的？这里就涉及了一个差异化问题。所以，要真正找到自己的战略，并不简单。

• 向自适应的组织架构发展

如今，很多传统企业依然沿用"金字塔"形管理组织结构，执行力不强，很容易导致管理者的权力放大，并形成"官本位""家长思维"等管理理念。未来随着产业互联网的高速发展，不确定性程度会越来越高，不能适应的组织将会被淘汰。

不合理的企业管理组织架构不仅影响各部门上下级之间的信息传递效率，同时也会造成机构臃肿，人浮于事，无法形成积极的创新意识和有效的实践环境。互联网经济时代市场机遇稍纵即逝，这种结构会严重削弱企业的竞争力，因此组织创新要在以下两方面发展。

（1）企业现实管理"去中心化"。从"金字塔"式的组织结构转化为"扁平化"结构，打破管理者与各部门、各阶层、员工之间的隔阂，实现内部管理效率的有效提升。

（2）企业信息管理"去组织化"。基于企业信息化建设的完善以及互联网技术的有效利用，员工与管理者之间的信息交流更加便捷，传统的汇报、申请、建议、意见等交流机制不断挖掘，例如，员工可以通过微信、QQ等直接与管理者沟通，每个员工都可以成为市场、用户信息的收集节点，大大降低企业信息收集和决策的成本。此外，基于互联网思维融合的企业管理组织结构创新，本身也是一种"圈际文化"体系构建，对企业跨界发展、综合能力提升有很好的促进作用。

● 向开放包容的文化转变

企业文化是全体成员的理念、行为、观念、价值观等的总和，企业文化保守，企业就会缺乏创新勇气。从一定程度上，企业文化保守源自企业对经济收益的过度追求，只关注眼前利益，忽视长期性、战略性发展，管理得过且过、不思进取。

而互联网时代蕴含着强烈的探索性、竞争性，充满了对未知形态的渴望，关于这一点，文化保守的企业组织一般都很难接受和认同。特别是现在的"90后""00后"个性更加张扬，对传统的文化管理体制形成强大的冲击。传统的人力资源管理体系已不能适应现代的企业机制，招聘体系、薪酬体系、绩效体系、职业发展通道、素质模型等都面临着严峻的挑战，人才的去与留要重新改写。

● 向学习型组织迈进

传统管理思维下，企业生产、研发、销售等活动都离不开管理层的协调和指挥，致使管理者不断强化"自我为中心"的理念，并掌握更多的资源，强调内部集中化管理。相应地，企业集中精力展开内部管理的过程，用于了解市场和用户需求的资源严重不足。为了适应大数据时代、人工智能时代的需求，对传统的市场营销、品牌及产品生产和商业模式进行重构，企业就要创新管理理念，要有清晰的互联网思维，向学习型组织迈进，不断学习新知识。

人工智能时代，自我管理的 SMART 原则

美国管理学大师德鲁克提出的目标管理原则，是管理者由被动工作变为

主动工作的一个有效管理手段。在个人自我管理领域，制定目标是执行力的动力源泉，看似一件简单的事情，但每个人都有过制定目标的经历，如何有效地制定目标，必须学习并掌握 SMART 原则。

• **何为 SMART 原则**

关于"SMART"，每个字母都代表着不同的含义：

（1）S＝Specific（明确性）。所谓明确性就是要用具体的语言清楚地说明要达成的行为标准。明确的目标是所有成功团队的一致特点，很多团队不成功的重要原因之一就是目标定得模棱两可，或没有将目标有效地传达给相关成员。

（2）M＝Measurable（衡量性）。所谓衡量性就是目标应该是明确的，而不是模糊的。应该有一组明确的数据，作为衡量是否达成目标的依据。

（3）A＝Attainable（可实现性）。所谓可实现性就是要能够被执行人所接受，通过努力可以完成的。在上级安排工作任务时，要自己先做一些衡量，看看达成目标的标准是否可以实现。如果有一点困难，那没关系，努力一下应该可以；如果有一定的困难度，得问问上级，能不能给予一定的资源支持，如果会，那可以接受；如果困难度太高，应学会说不。毕竟，目标应该是共同制定的。

（4）R＝Relevant（相关性）。所谓相关性就是实现此目标与其他目标的关联情况。如果实现了这个目标，但对其他的目标完全不相关，或者相关度很低，目标即使被达到了，意义也不大。

（5）T＝Time-bound（时限性）。所谓时限性就是指目标是有时间限制的。要问清楚这一个目标达成的时间限制，如果时间较紧，自然应将其排在首要位置，以完成这一工作目标为优先；如果时间较松，可以处理其他更近时限的工作为先。时限不仅让自己把控工作目标的完成进度，同时能安排好各项工作的执行时间，做到合理的时间配置。

● 时间管理——紧急与重要

时间是世界上最珍贵的资源，浪费时间等于谋财害命。时间的不合理利用同样是对自己人生的一种不负责。针对时间的有效利用和管理，美国管理学家斯蒂芬·科维提出时间"四象限"管理矩阵。

假定一个场景：你在公司实习，现在急需发篇文章，老师突然喊你回去参加毕业考试，并且让你带上毕业论文大纲进行指导。这时，又遇到突然前来拜访的客户，有业务需要商谈，你的头立刻就炸了。遇到这些事情，该如何处理？这里就涉及对事情性质的判断。

第一象限：重要又急迫。毕业考试是最重要最紧急的事情，如果延误了，前面的努力都白费。但也不要忘记，很多重要的事都是因为一拖再拖或事前准备不足而变成迫在眉睫。该象限的本质是缺乏有效的工作计划导致本处于"重要但不紧急"的事情转变过来的，这也是传统思维状态下管理者的通常状况，就是"忙"。

第二象限：重要但不紧急。主要是与生活品质有关，包括长期的规划，毕业论文，问题的发掘与预防，参加培训，向上级提出问题处理的建议等事项。忽视这个领域将使第一象限日益扩大，会陷入更大的压力，在危机中疲于应付。反之，多投入一些时间在这个领域，有利于提高实践能力，缩小第一象限的范围。这个领域的事情不会对我们形成催促力量，必须主动去做，这是发挥个人领导力的领域。同时，这也是传统低效管理者与高效卓越管理者的重要区别标志，管理者要把80%的精力投入到该象限的工作，使第一象限的"急"事无限变少，不再瞎"忙"。

第三象限：紧急但不重要。突然前来拜访的客户，临时的会议，都属于这一类。很多突如其来的事情会让我们措手不及，以至于产生这件事情很重要的错觉。但其实真的不必花费太多时间在这里面打转。

第四象限：不紧急也不重要。类似于阅读令人上瘾的无聊小说，毫无内容的电视节目，办公室聊天等。简单来说就是浪费时间，所以根本不值得花半点时间在这个象限。在第一、第三象限来回奔走，会让你忙得焦头烂额，不得不到第四象限去疗养一番再出发。这部分范围倒不见得都是休闲活动，因为真正有创造意义的休闲活动是很有价值的。

第八章

营销创新：通过人工智能提升营销业绩

不管是产品，还是服务，都需要营销。为了满足人工智能时代的需要，为了提升业绩，同样还要进行营销的创新。不仅要能让品牌多些创意，还要将人工智能技术灵活运用到营销中，更要将大数据充分利用起来，创造好的营销场景，打造出别具一格的营销新模式。营销，企业发展的关键，进行组织绩效的改进，更不能忽视了营销的创新。

营销三大挑战与人工智能对策

● 人工智能时代，营销的三大挑战

人工智能时代，信息技术高速发展，营销界发生了巨大的改变，企业的营销活动变得更加智能化。作为智能经济的一部分，智能营销也就成了智能运作的一种形式。但不同于虚拟营销或者电子营销的是，智能营销建立在更高的科技水平上，营销活动的智能化体现在以下多个方面。

（1）人工智能优化营销数据搜集和处理方式。以 Google Street View 为

例，这种技术被使用在谷歌地图和谷歌地球中，可以为用户提供街道全景图。在这项技术运用之前，谷歌员工必须亲自检查矫正街景地图上的地址。而在"谷歌大脑"软件诞生后，机器担负起了这项耗时耗力的烦琐工作，员工再也不用日复一日地审查一张张街景图片了。谷歌工程师利用人工智能技术，解决了图像识别的问题。如今，谷歌可以在短短一小时内识别出德国街景地图上的所有地址，不仅提高了工作效率，也优化了用户使用效果。人工智能技术的应用使得谷歌不仅是一家搜索公司，还是一家机器学习公司。除了应用于谷歌地图和谷歌地球之外，Google Brain 还能应用于 Android 的语音识别和 Google+的图像搜索。人工智能为谷歌产品相关的原始数据收集处理提供了新的方案，降低了成本，提高了准确性。

（2）人工智能提供个性化的营销策略。人与智能技术和物联网技术的结合可以为企业提供先发制人的营销策略。以耐克体验店为例，商家可以利用类似于 iBeacon 技术向周边消费者实时推送销售及活动信息，吸引消费者到实体店试用。同时，商家还可以在实体店的样品中放入传感器，记录消费者试用的次数和感受，并将体验信息发送至后方企业进行数据分析。依据真实可靠的数据，对数据快速分析，建立数据模型。后方人工智能技术就可以为营销人员提供策略建议，并将信息发送至体验店，及时调整营销策略。此外，人工智能技术还可以根据消费者的个人资料和偏好，使用数据分析，把具有相似特征和购买偏好的消费者归类，并据此进行有针对性的广告推送，让企业在第一时间获得消费者信息，缩短市场信息传送到管理层的时间差，使企业先发制人地制定营销策略。

（3）人工智能改变广告投放方式。人脸识别技术的发展可以让广告投放因人而异。例如，在数字广告牌上安装软件和网络摄像装置。广告牌利用人脸识别技术，识别观看者的体貌特征和观看广告的市场情况等信息。企业利用搜集到的数据信息来衡量广告投放效果，就能合理选择广告投放人群和区域。此外，人工智能广告牌还可以根据观看者的反应，感知消费者的偏好，进行广告筛选，有针对性地推送广告。

除了图像广告，人工智能也应用于语音互动广告中。公司借助移动设备上的麦克风和陀螺仪等有趣的附属设备，推出语音互动广告，使广告能听、会说、会思考。消费者在聆听广告的同时，可以通过语音与广告进行互动，获得更详细的产品信息，让广告体验变得更加有趣。例如，观看视频时，一般会在节目正式开始之前有 10～60 秒不等的广告。消费者希望减少广告时间，但广告商又希望增加广告时长。针对这一矛盾，完全可以利用人工智能推出视频互动广告。在广告播放过程中，通过语音向消费者提出问题，让消费者通过语音来回答。如果消费者回答正确，则可以免费跳过广告。如此，从消费者角度来讲，互动帮助他们节省时间；从商家角度来讲，虽然广告时间缩短了，但消费者多了思考的过程，进一步加深了对品牌产品的认知。

• 人工智能时代，做好营销的有效对策

在人工智能的浪潮下，人工智能具体可以为品牌方的营销带来哪些有价值的应用呢？

（1）推送精准内容。根据用户以往的操作记录以及与 AI Bot 的历史聊天数据，利用深度学习和大数据分析技术，可以构建更为完整的用户画像。品牌方将制作好的内容，通过 Bot 推送给对该内容感兴趣或有需求的用户，达到精准推送的效果。不仅可以推送已准备好待发布的内容，也可以推送品牌方计划外的内容。现在的新闻媒体、电商网站每天都会根据用户的浏览记录，在网上自动抓取一些相同类别的内容和商品，推荐给他们，都可能引起用户的兴趣。比如，竹间智能推出的"小影机器人"一类的情感 AI 机器人，就能与用户建立密切的联系，减轻营销人员从海量反馈中挑选推荐内容的工作。

不仅大大提高了广告传播效果、扩大了品牌影响力，还避免了资源的浪费，真正做到物尽其用。

（2）帮助品牌寻找合适的 KOL。许多品牌喜欢在 KOL 的渠道投放广告，KOL 与品牌的适配性也变得越来越重要。在人工智能时代，品牌可以借助自然语言处理技术和知识图谱来阅读、分析 KOL 发布在社交网站上的内容，进行理解、分类，寻找有触达能力和影响力且已经表露过对品牌支持态度的 KOL。结合大数据，分析人口统计学信息和粉丝触达数之外的东西，就能找到 KOL 在创作内容时内心的真实感受。因此，借助 AI 技术能够帮助品牌方找到与品牌匹配度最佳的 KOL，并精准地投放到目标群体中，使得影响力达到最大化。

（3）预测未来趋势。借助特定的算法，人工智能可以在数以百万计的数据中，选出与品牌方自身、行业和消费者相关的有效信息。通过对话 Bot 还能更好地学习用户行为、习惯与爱好，并以用户画像为基础，构建一套能以一定准确率对各种潜在结果进行预估的人工智能模型，为核心业务提供决策依据，带来销售和用户数量的有效增长。人工智能的出现，让品牌方预测未来趋势的把握大大提高，使用人工智能技术对数据进行分析，就可以作为品牌方决策的依据，指引企业率先发现、挖掘未来的价值。

（4）广告效果分析。人工智能技术还能帮助品牌方分析广告效果，比如：竹间的广告效果分析系统，能透过计算机视觉与情感识别技术，侦测出受试者对视频或广告的情绪反应、专注程度、观看热区等指标，综合评估观看者对关键情节、关键商品、关键人物的接受程度，帮助广告主与广告制作单位更好地评估广告效果。比如，确定观众是否被该广告所吸引，广告中的画外音是否被有效传达，确定品牌的广告是否有影响力，有针对性地调整广告的内容。

（5）多样化的营销方式。人工智能为广告商带来了多种新颖的营销方式，尤其是利用图像识别、人脸识别等创新技术，使营销方式更具备创意和新奇感，能够吸引用户注意并进一步参与进来，进而引发对品牌与产品的关注。在给用户带来欢乐的同时，又能输出品牌的价值观。比如，招商银行曾在女生节推出"你是哪种女生"活动，通过人脸识别技术来分析人脸的各种属性，综合判断出不同类型的女生。用户只要上传自己的照片，人工智能系统就会鉴定出该用户是"文艺青年"还是"女神经"等多种类型，提升了年轻女性用户对招商银行的品牌认知。

人工智能营销，品牌不再是冰冷的 LOGO

自 Alpha Go 成为第一个战胜围棋世界冠军的人工智能程序以来，人工智能已经不知不觉渗入到国内的许多行业中。很多品牌企业都部署了人工智能战略，比如：百度 All in AI，腾讯 All in AI。

从品牌购买意见，到品牌文本的创作风格，再到品牌面对消费者的品牌形象，人工智能的作用，将一步步覆盖至当代品牌市场营销的方方面面。

美国整合营销之父唐 E・舒尔茨说过："AI 全面引领品牌营销的时代是不会到来的，但是 AI 会成为营销的功能和重要的工具，会推动营销的连续性创新变革。"当 AI（人工智能）邂逅品牌营销，品牌也不再是冰冷的 LOGO。

• 人工智能将带给品牌营销什么变化

人工智能技能的运用，必然会给品牌营销带来重大影响。品牌营销的变化主要体现在这样几方面：

（1）品牌营销效率提升。所谓人工智能，就是让机器有人的智慧。人工智能提升效率的价值，已经得到人们的普遍认可。当前已经有越来越多的品牌商，开始引入人工智能。在它的辅助下，人们能够从繁重的工作中解脱出来，从而节约出更多的时间投入到品牌营销的工作中。

（2）消费者不再是旁观者。百度大客户部总经理曾华在百度以"当营销遇上人工智能"为主题的分享会上说："互联网营销已经进入到人工智能阶段，人工智能将帮助品牌方与消费者进行互动，这个过程中，品牌将不再是冰冷的 LOGO，而是一种能被感知的，甚至能自主表达情绪的'人'。"百度携手淳萃（欧莱雅旗下自然洗护发品牌）在线下打造了三场 AR 互动盛宴，让更多的消费者亲身体验 AI+AR 的独特魅力。消费者无论是用手机百度 APP 扫描瓶身的二维码，还是扫描公交站牌上的二维码，都可以参与 AR 互动体验，与淳萃自然元素一起走入世外桃源。这一合作让冰冷的品牌充满了温度，消费者很自然地会与这个品牌产生情感的联系，这也使淳萃这个品牌变得有人性、有温情。

（3）品牌营销信息更加精准。在越来越庞大的数据基础上，人工智能帮助品牌商把具备相同或相似行为习惯的消费者加以细分，进而制定更加个性化的内容并加以精准地推送。百度用人工智能为营销人员提供的用户识别能力将线上和线下数据进行了整合，通过对用户搜索和浏览历史等线上行为进行初步意图捕捉，结合线下的 LBS 地理位置信息还原用户真实的线下生活轨迹，最终判断用户的真实情绪，实现品牌与用户最精准的展示触达。

• 人工智能时代，品牌未来怎么玩转营销

人工智能时代，品牌如果想做好营销，就要关注以下几方面的内容：

（1）品牌精准的个性化营销。在这个全新的时代中，消费者已经不再满足于对品牌产品和服务的需求，更希望得到极致的用户体验，因此品牌营销应该更贴近消费者的真实需求，针对他们进行精准的个性化服务，投其所好地深入挖掘，争取引起内心的共鸣。

在腾讯与可口可乐合作的"此刻是金"中，在 QQ 空间数据库中找到每一个个性化的个体，利用个性化的算法，消费者都能找到合适的"此刻是金"的照片，进而与可口可乐互动。比起千篇一律的传统营销，这种方式更容易得到消费者积极的反馈。

（2）更具创意性的品牌互动营销。科技越进步越以人为中心，越要重视用户的参与感。参与感能够挖掘出人们心中"被需要"的感觉，是品牌与用户沟通的有效方法。结合人工智能技术为消费者带来全新的用户体验，把品牌营销当成对消费者的服务，会获得意想不到的效果。

"极客实验室"是小米 MIUI 联合一汽丰田全新推出的线下系列品牌栏目，集科技、车型、体验于一体。借助一系列的体验活动，用户能够近距离地感触到品牌的魅力。目前，小米 MIUI 全球联网激活用户已突破 3 亿，强大的 AI 技术是支持小米品牌营销的数据基础。

（3）优质品牌的内容营销。《人类简史》中提到，人类和动物的最大区别在于：人会相信一些共同的价值观，换句话说就是故事。人工智能的出现，虽然解锁了品牌营销的许多玩法，但不管时代怎样变，最终决策的依然是人，选择品牌产品的也是人。所以，不管任何时候，作为品牌来说，仍然要让消费者在不同的界面都可以听到品牌讲述的好故事。人工智能就是这么一个精彩而且值得品读的故事。

人工智能时代，各种新技术层出不穷，很多品牌主都感到无所适从，但是无论人工智能技术怎样升级，人工智能时代下的品牌营销定然都是围绕人的行为习性而展开的。对于消费者来说，思考品牌价值的持续性传播与消费者长久关系的构建才是品牌营销最重要的核心。

人工智能技术在市场营销中的应用

人工智能现在已经不是一个新鲜概念，随着技术的日益成熟，其正不断扩大在营销领域的应用，且已经有许多人工智能技术被应用到企业的营销推广中。

人工智能技术分类有很多，其核心技术主要是机器学习、神经网络、深度学习、专家系统。目前，人工智能技术已经被应用于我们的日常生活中，自动驾驶、流量欺诈检验、数字助手等都是人工智能技术的应用方面。目前有很多公司都声称他们能够提供人工智能技术，但笔者认为，人工智能的特征和评判标准主要有四点：发现、预测、建议、自动化。

● 人工智能在营销中的应用和效果

广告投放是人工智能在营销中的应用之一。在广告投放中应用人工智能技术后，系统可以通过多个维度来判断投放对象与目标消费群体的契合度，并根据分析结果，给出不同的投放方案。目前，受限于后台技术规则和投放方案的数量，人工智能技术在广告投放中的应用范围和深度还远远不够。

将人工智能应用于广告投放之后的效果是怎样的呢？关于这一问题，加拿大著名的技术公司 Acquisio 发布的报告显示，与使用普通广告投放方式相比，使用人工智能技术的广告投放效果是前者的 2.5~4 倍。

从上述报告的结果来看，在广告投放中支出的费用越多，用于机器学习的投放数据也就越多，广告投放的效果也越好。因此，人工智能技术的应用离不开大数据的支持。对于广告投放的实际操作，及时反馈是非常重要的。如果广告投放是一场战争，及时反馈就相当于雷达系统，能帮助我们更好地看清是否完成既定目标，或周围环境中是否存在潜在的危险。

除了广告投放，人工智能在营销中的应用还涉及销售情报、消费者洞察、营销优化、售后服务、机器人/虚拟助手、智能搜索界面、决策系统、内容生产、品牌建设等方面。

● 营销中使用人工智能的关键点

营销中使用人工智能的关键点主要有：

（1）营销网络与渠道的选择。目前线上的渠道越来越多，大的分类有搜索、展示、社交等，小的分类则更多。选择哪些渠道效果更好？线上、线下渠道如何实现最优组合？没有人工智能，仅靠拍脑袋是很难完成的。

（2）基于严谨统计方法的深度归因。广告对购买决策产生怎样的效果，是营销中一直被探讨的重要问题之一。人工智能技术基于严谨统计方法的深度归因，能够更有效地帮助企业的市场营销人员精准地解决这一问题。

（3）类似股票投资的营销方法。在资本市场，股票投资已经越来越少地依靠人脑决策。目前广泛应用的广告投放方式——程序化购买的概念，就是从股票投资中来的。在未来广告的投放中，依靠人工智能技术，广告投放只需要通过平台下单，确定营销预算和预期目标，系统会在后台自动进行不断优化。

（4）好的人工智能应用是无形的。好的人工智能应用就像自动驾驶一样，只需要设置目的地，人工智能就能轻松把你带到你想去的地方，而这一切的过程是在你感知不到的地方进行的。

从人工智能的发展来看，它的道路是曲折的，但前途一定是光明的。目前，人工智能还处于发展的初期，但几乎所有的行业都在尝试。在实际工作中，企业要从问题出发，结合现实中遇到的问题，用人工智能来解决它。

人工智能+大数据=精准营销

人工智能，彻底颠覆了企业与消费者沟通的方式，让企业与消费者能够进行双向互动。更重要的是，在每一次互动中，人工智能都有机会捕捉到用户的心理与需求，品牌不再是冰冷的 LOGO，而是一种能触摸、能感知甚至能自主表达情绪的个体。人工智能时代，所谓的精准营销就是将大数据和人工智能技术充分利用起来，实现营销的创新。

祥运网是国内首家以人工智能驱动的大数据获客平台。大数据联盟会员单位、拥有增值电信业务许可证。企业可根据自身市场需求定制销售线索，相比其他传统的获客渠道，为企业提升销售转化率。

祥运网拥有 8 亿+移动端用户大数据，第三方服务机构超过 50 家。目前，祥运网为国内最大的英语培训行业销售线索供应商，每年为教育培训行业输送超过 1 万名学员。目标用户覆盖 120 多个城市，月获客订单发布量超 10 万+，入驻企业包括韦博英语、鲁班教育、学尔森教育、神州教育、轻轻家教、朗阁等线上线下服务机构。

某教育培训行业发出"20 岁大学生，坐标北京，想学俄语"的目标客户需求，祥运网根据甲方提供的数据和数据源厂商的数据来分析用户，比如哪些用户在网上搜索相关关键词，是否点开了相关广告等行为，确定人群后，通过外呼形式触达人群。祥运网为某些企业提供端到端的接口，目标用户信息可以实时传达。

（资料来源：引自果乐头条《"人工智能+大数据"驱动未来十年精准营销》，内容有删减。）

那么，如何才能真正发挥出精准营销的功效？要想成功实施精准营销、打开精准营销的"秘密之门"，就要掌握三把金钥匙，分别是：精确的信息、精准的投放、精细的管理。其中，精确信息是基础；精准投放是核心；而精细管理是保障。下面我们将一一来详细阐述。

● 精确的信息

精确信息是基础。实施精准营销需要以事实为依据，需要有精确信息作为支撑，这样才能精准把握市场，把握消费者的真实需求。那么，如何精确采集信息呢？受益于现今信息化程度的飞速提高，消费者可以借助各种信息手段产生消费行为，包括通话、购物、网上浏览等，而用户的消费行为会在信息通道留下轨迹和数据，可以借助这些数据来分析用户、分析市场。

通过大数据资料库，可以对下辖分子机构服务柜台及摆设、理财区装饰、甚至座位的设计，依照资料库中机构所在地的人口特征、年龄及交易量复杂度等数据，以及客户在网站、手机银行、微信银行等软件的使用习惯进行分析，为客户提供个性化的服务。如：针对高龄客户比例偏高的机构，即考虑新增矮柜服务窗口并提供大屏幕显示器提醒。

面对顾客对网银、手机银行的使用习惯，将浏览率高的栏目与浏览率低的栏目进行重新排版设计，实现提升客户使用率及忠诚度的目的。根据不同人群在网络、手机 APP 访问的记录行为，分析其关注资讯的不同，可以为其提供不同需求的咨询和服务。

● 精准的投放

精准投放是建立在精确信息的基础上的。对采集到的信息进行系统分析，对市场进行有效的细分，再根据市场的细分有效组织资源，就能实现消费者和资源的精准匹配。精准投放是核心，精准投放就是为了更好地满足于消费者的真实需求。

整个投放的过程，大体又分为投放对象的定位、投放时机的把握、投放内容的匹配、投放的执行四个环节。要实现精准投放，需要重视以下三点：

（1）投放目标的定位。投放目标的准确定位必须构建在对客户需求的精准洞察的基础上。今天，人类已经进入大数据时代，客户数据的爆炸式增长对企业精准营销提出了新的挑战；还有，不断发展和成熟的人工智能和大数据技术也让企业有能力对客户数据进行深度分析和挖掘，真正通过客户数据了解客户需求，从本质上了解客户。

（2）营销时机的把握。信息化时代，客户时刻都在产生需求。营销或服务，只有在客户最需要的时候立即出现，才能让客户在惊喜中感受服务和产品溢价。随着客户需求越来越个性化、弹性化、生活化、差异化，业务也越来越复杂，营销的难度也在逐渐增大。只有在客户消费行为过程中，通过实时收集用户行为数据，并对其进行即时分析得到客户的需求最高点时机，触发营销的执行，才是最佳的营销时机。比如，在客户有一定量储蓄时主动推荐理财投资产品，在客户余额较低时主动推荐分期付款，都可能事半功倍。

（3）智能匹配。一次完整的营销通常包括客户、时机、产品、渠道、内容等要素。要素之间的匹配方式，正是营销的"5W1H"理论的体现。传统粗放式营销，要素的匹配往往是营销策划人员凭借业务经验而设定的，不够精准，总会给客户推荐不感兴趣的产品或服务，严重影响营销成功率。在精准营销体系中，营销要素的匹配更加智能化，能够根据客户的偏好信息、产品、渠道的适配信息等，给出最优的匹配组合。

● **精细的管理**

精细管理是保障，精准营销中的精细管理就是要确保精准营销的顺利实施。

执行是一个过程，整个执行的过程就像生产车间的流水线一样，一环套一环，非常顺畅。如果流程不合理或不畅通，就会直接影响实际的执行。具体来说，精细的管理可以从以下几点来分析：

（1）流程设计。流程设计对执行效果的影响是巨大的，科学、顺畅、合理的流程是营销执行力的重要保证。这就要求一个全面的、灵活的、可定义的、可灵活拖拽的流程设计，满足各类营销场景需求。

（2）有效监控。监控是一种事前控制与事中控制相结合的控制方式，最大的好处是监督的时效性和即时性，可以把很多问题解决在萌芽之中，在运营成本过度消耗、营销传播到达率低时，能够及时发出预警。预警体系发现这些征兆，就能分析、总结，从而发现问题，做好预防。

（3）营销活动自优化。营销活动自优化的前提是具备对营销活动做全面的、完善的评估分析能力。从用户、渠道、活动等不同角度分析与评估营销活动执行的效果；同时，根据分析与评估的结果，挖掘出导致影响活动执行效果不理想的因素，从而指导与优化营销活动的方案策略制定、流程设计等。

营销流程合理与否和过程监控得力与否是影响营销结果的重要因素。而在这些步骤中大数据与人工智能显然也具有极大的优势。

人工智能可以解决的营销场景

如今的营销依然需要通过人口属性、用户行为等多个标签给用户画行为图谱，未来会有越来越多的瞬间兴趣内容标签被挖掘利用，动态标签越多，越会接近用户"当时"的状态，越能精准判断用户"当时"的兴趣点。数据越完善，呈现的信息就越有温度，品牌与用户的沟通越细致。人工智能让营销的渠道更加细分、内容更加垂直、场景更加动态，真正实现媒介管理从人工升级为机器全自动管理。

随着移动互联网的发展，以及数据和技术的升级，宝马的场景化营销，更需要融入人工智能。Yi+科技（衣+）让场景化营销有了人工智能的玩法，即通过深入挖掘用户需求和痛点，可以让宝马汽车主动为爱车一族和计划购车的人群，更加精准地提供汽车资讯，展现汽车的品牌内容。AI的融入，可以建构全新的使用场景，从无到有，创造全新的营销机会。

准确对应人群，对应需求，正确对应场景，这就是Yi+提供的人工智能技术在场景化营销中大展拳脚的最佳时机。人们更多地在碎片时间通过手机观看短视频，宝马的汽车广告怎么能做到为了正确的人群，并且在恰当的时机最好地展现出来呢？人工智能视频分析技术给出了解决方案，Yi+在视频内容智能分析和匹配领域在业内一直处于领导地位，Yi+连接海量视频平台流量，批量化按照观众不同的兴趣维度，构建广告的展示场景，为汽车企业的广告投放与视频内容，提供最强相关的场景化营销。

比如，当用户在视频中出现城市户外、公路驾驶时，人工智能技术会自动识别出场景中出现的物体。无论是时尚、动力，还是欢乐、激情，不同的场景元素的组合下，可以为宝马的潜在客户群体展现和放映对应的汽车品牌广告。这种新颖的广告模式，跟用户关注的内容紧密关联，能给观众带来愉悦的心情。人工智能可以更加人性化，提高了市场匹配，提高了效率，也让人们在生活中获得更多的贴心体验。

（资料来源：引自中国网《人工智能时代的场景化营销》，内容有删减。）

营销已经进入到人工智能的时代，人工智能让营销变得更聪明。人工智能场景化营销智能引擎，已经具备图像、场景化辨析、理解和用户画像等前沿技术能力，让人工智能时代的营销有了无限的想象空间。

• 人工智能的应用场景

人工智能领域进行全方位跨层次布局，引领行业发展。同样，通过人工智能运用在传统营销上，也成为行业发展的一个发展趋势。让我们一起来看一下人工智能的应用前途营销场景。

（1）户外广告—人脸识别广告。基于深度学习的人脸对比技术，实现人脸相似度测量，并准确识别出图像中人物的性别、年龄、种族、情绪、颜值、性感、时尚等属性，平均准确率超过95%。比如：当客户走到商店门口，商店门口的广告屏会展示门店所售可能更受该客户喜爱的商品；当顾客走进广告屏前，摄像头会识别出顾客的人脸属性，如性别、年龄等，广告屏会根据顾客人脸属性推荐其感兴趣的品牌广告。

（2）线下门店—人脸识别会员系统。当顾客走进门店，门口摄像头通过人脸识别对比技术，能捕捉到该用户为会员，系统向销售人员直接推送此会员经常购买的商品与可能感兴趣的商品推荐，并由销售人员引导会员购买商品，大大提升消费效率和购物体验。并且，根据个人需求呈现出为顾客量身定做的商品，每个人进入无人便利店的购物场景可能都会有所不同，从真正意义上实现差异化的完美服务。

（3）移动营销—图搜、拍照购。应用强大的以图搜图能力，可以帮助搜索引擎提供图像搜索、场景搜索等满足用户需求的搜索形式，提升搜索体验，激活用传统方法搜不到的内容和商品。比如，用户自己上传一张图片，就会自动筛选出与上传图相匹配的图片，供用户参考。应用图像聚类和边看边买等技术，帮助客户将后台图片数据准确分类，不仅能减少人力、时间和成本，还可以增加准确率，进而优化提升用户体验，帮助用户发掘图片同款商品，实现智能精准营销。

（4）扩大搜索—自动检测。基于图像的亿级商品检索能力，能够自动检测出三万类物体和场景，挑出相匹配的商品，帮助用户即看即淘。比如，用户在马路上看到喜欢的车，通过手机拍照就能可识别出车型及测评，并推送附近相关的 4S 店、车辆优惠政策等。

● 场景化营销及程序化购买

人工智能在广告营销领域更具优势的是基于自身多年技术积累，可以通过实时检测图像中出现的物品、场景、人脸，识别出品类名称，追踪轨迹，进行多种有趣的物体、人脸追踪动态贴图或广告滤镜，让广告更精准、吸睛。例如，手机摄像头对准停车场，内置人工智能助理就会进行识别、检测，并基于 LBS 进行推荐当前与附近停车场的免费停车券；对准餐厅场景，则会显示出附近餐厅的信息、优惠券和推荐菜品等。更方便、快捷地依据内容识别给予精确匹配来投放推广。

● 智能贴片广告

通过世界领先人工智能视频分析技术，连接海量视频平台流量，可以通过对点播视频或视频直播中出现的物品、人脸进行识别，追踪目标轨迹，分析画面场景，并结合动态贴图和滤镜、画面植入等多种有趣的广告形式，投放与视频内容强相关的场景化营销广告。

（1）视频中贴片。无缝中插广告，不仅能够提升品牌曝光度，还能加深品牌记忆度。

（2）广告滤镜。适用范围比较广泛，尤其是画面切换比较快的短视频，比如，影视明星剪辑、体育等。基于场景的广告滤镜，可以用于个性化广告推荐、播放器换肤等场景。

（3）AR 特效广告。实时检测摄像头中出现的物品、场景、人脸，识别品类名称、追踪轨迹加 AR 效果。用于趣味滤镜、品牌广告。视频较活泼，画面切换少，适用于影视、搞笑、直播类的短视频。

（4）趣味角标。适用范围比较广泛，根据不同的视频满足定制化需求。

（5）对话框。识别画面当前场景、物体、明星等内容，在画面适当的位置推送带有广告信息的文字形式创意内容。

●智能广告投放平台

智能广告投放平台是一个连接媒体和广告主的广告自动投放平台，可以依据媒体内容实现精确且相关的广告匹配投放，确保曝光更优质、转化更有效。

比如，当媒体主在广告平台上传视频内容，经过人工智能视频数据结构化引擎的分析与识别，根据明星、物体和场景等多个维度，就能找到视频中适合投放广告的内容画面，在系统中记录和生成相应的时间和位置，并生成广告位标签。广告主在广告平台上可以选择和自己产品相关的广告位标签，结合时段、地区等多种定向策略，进行针对性、强关联的广告投放，在用户观看到相应的内容和时段时，视频内容可以加深用户对广告的印象，从而实现精准高效的营销投放。

以人工智能技术加数据作为双驱动力，人工智能营销是重要的战略方向，率先抓住机遇，开辟全新的智能营销方向，在数据、技术、产品、场景资源等方面继续深耕细作，就能让人工智能赋能企业营销价值最大化。

一手抓商业赋能，一手抓用户体验。以强大的视觉识别技术为基础，结构化视频内容，满足多方需求，是人工智能赋能互动娱乐、广告营销行业的新思维。

人工智能构建的千人千面营销新模式

"千人千面"是淘宝在2013年提出的新的排名算法，依靠淘宝网庞大的数据库，可以从细分类目中抓取特征与买家兴趣点匹配的推广宝贝，展现在目标客户浏览的网页上，锁定潜在买家，实现精准营销。任何一个改变，都有其对应的触发点，了解了背后的逻辑，才能正确应对。

马化腾曾在《给合作伙伴的一封信》中多次提到"云"，认为它的重要性不亚于电力对工业时代的影响。而腾讯智能营销云的做法是帮助企业构建一个智能营销平台，利用 DMP 广告体系提供精细人群标签，将企业的销售、消费数据全部记录在专门为该企业定制的私有客户库中，辅之以智能化数据分析为企业提供营销策略，改进企业产品体系与收益模式，并利用图像识别、语音识别和自然语言处理技术来改进产品的智能化互动体验。

还有，阿里也推出了文娱智能营销平台，聚焦于诸多垂直行业，如家居、游戏、金融、消费等多个领域。凭借人工智能技术，将该平台上的媒体矩阵、内容生态及用户行为数据，加上阿里电商类的用户数据，构建精准且立体的用户画像，让单一营销转变为全链路整合营销。通过内容营销将用户与广告主连接，并结合阿里大数据实时在线行为记录，精准用户分析，完成智能需求识别。通过人群触达、交互体验、内容沟通、需求响应等层面来满足不同营销阶段用户沟通的需求。

百度的做法则是，通过人工智能为企业与广告主提供四大能力：一是强化用户识别能力。通过智能数据还原数据背后真实的人。二是 AI 打造个性化的创造力，为营销人员提供实现千人千面效果的智能创意工具，自动生成创意，动态匹配内容，实现千人千面的效果。三是全时覆盖力。通过全面覆盖智能媒介，捕捉碎片时间。四是效果实时追踪力。可以智能监测，度量有效地关注个性化创意力。基于这四种能力，百度推出了"闪投""聚屏"两大新品。闪投是通过将广告主的结构化数据与百度进行对接，将广告主的商品和服务广告以千人千面的形式呈献给不同的消费者；而聚屏是将手机屏、OTT、电视屏、电梯屏、影院大屏幕及交通屏幕等进行整合营销和渠道联动，为线上和线下媒体连接提供能力。

（资料来源：引自百度百家号《BAT 都在做智能营销，但营销的未来可能还要交给 AI》，内容有删减。）

消费者在平台上看到的每个页面都是人工智能和大数据结合的结果，就叫作千人千面。

如今，互联网营销已经由"千人一面"到"千人千面"。不管圈内圈外，人们都能感受到这种巨大的变迁，却又眼花缭乱无从选择。过去，如果想做广告，只要选用最大的门户网站，挑个最显眼的位置就能搞定；现在，要想做广告，得衡量视频、游戏、自媒体等各种平台，还得选用植入软文、事件等模式。企业最头疼的就是到底哪种模式能让自己的广告价值最大化。

● **BAT 智能营销的共同点**

从 BAT 在智能营销层面上的布局来看，会发现有些共同的目的与思路。

（1）将数据、技术、内容进行大融合，着重于场景和精准触达，触发同一消费者在不同场景下的不同需求。

（2）越来越强调人工智能的能力。

（3）寻求与消费者多层次沟通，迅速且潜移默化地影响其心智，同步实现品牌传播和效果精准转化。

总的来说，都是在帮助广告主尽快找到大规模消费者群体，并且让广告主更懂消费者与用户，从单一营销向全链路整合营销转变。

● **BAT 智能营销的不同点**

BAT 智能营销的不同，我们来分别阐述：

（1）腾讯去中心化营销。腾讯智能营销云去中心化模式聚焦的是如何让商家拥有流量与粉丝的能力，注重社交数据与流量与品牌商的对接，是一种流量型的方法。另外，腾讯智能营销的重点是破除零售行业中的"窄平台"

规则和"二选一"的困境，暗示了人工智能的线下支付场景之争。

对于腾讯来说，过去其社交型数据与游戏数据多服务于产品的优化与游戏的增值服务，因此如何最大化占领消费数据来完成用户的全景化数据捕捉，进行信息精准触达是腾讯智能营销切入零售商家的难点。

（2）阿里内容+智能营销模式。阿里智能营销注重将其旗下各个领域的布局进行整合，打造出一种内容平台资源的矩阵，再通过人工智能构建精准且立体的用户画像，触发消费者在不同场景下的不同需求，用内容沟通促成转化，实现营销效率的提升。此外，阿里还对阿里文学、阿里影业及优酷影视剧和综艺资源等进行整合，构建起了企业与消费者的对接模式。思路主要是将优质 IP 资源通过阿里媒体群的孵化+加工进行升级，为品牌主打造"内容+智能营销"的全新模式，让内容营销扮演"中介"连接用户与广告主，注重的是资源性与内容 IP 型的策略。

（3）百度 AI 赋能。百度 AI 赋能则是通过将人工智能布局到基础底层，将人工智能与内容信息流能力无限放大。百度所提出的四种能力，从用户识别、个性化动态匹配、全时覆盖与智能监测等，都以人工智能作为基础设施。而闪投与聚屏的推出，则是一种新的内容与媒介模式的变革。今天我们已经迎来了屏读时代，从一起床打开手机到公交地铁各种交通屏幕、到地铁 OTT、上班用电脑、平板等。百度 AI 赋能将人们生活轨迹的线上线下的屏幕整合打通，驱动打造信息流的整合营销与连接到线下生活的各场景的一种能力。

百度的信息流业务从 2016 年上线至今，仅用了短短一年多的时间，已经建立了一套完整的内容创作、分发、变现体系，逐步将其他商家甩在身后。有数据显示，百度信息流日访客户已超过 16 万。

从这个意义上来说，百度正在推动信息流市场的重新洗牌。之所以如此，源自百度将搜索+信息流整合双引擎的玩法驱动所致，百度信息流分发立足的先决条件在于百度搜索积累了海量数据，在此基础上进行信息分发，拥有天然优势。搜+推双引擎模式本质上是在全面影响用户决策链，即根据用户搜索行为数据，不断改进信息流推荐，实现动态调整，使推送更加智能化、个性化，对用户的需求与意图把握得更为精准，这种模式成为更多客户的理想选择。

在"搜索+信息流"中融入广告营销的本质是从"人找信息"到"信息找人"，其中重要的能力是源自百度的 AI 分析与大数据匹配能力。比如，百度推出的闪投模式是 AI 时代一个典型的效果类产品，通过广告主的结构化数据与百度进行对接，通过内外部数据的智能整合，通过 AI 将广告主的商品和服务广告以千人千面的形式呈献给不同的消费者，帮助广告主更好的理解用户需求。

跨屏联动给广告主带来新的能力包括：多场景全局追踪、精准的人群画像获取、回搜率的变化，有更丰富的多场景矩阵、大数据的用户标签与画像等，可以做到对用户意图更为精准的把握，这是营销行业的一种全新的行业作业模式。人工智能营销时代已经来临！

第九章

流程再造：人工智能时代的企业流程设计

企业的良性运转离不开必要的流程，按照流程办事，工作才能有条不紊地进行。人工智能时代，企业要在原来的基础上进行创新和完善，打造一套更加合理的运作流程。如何实现这一点？不仅要对业务流程进行梳理、重新定义操作流程，还要掌握流程再造的基本原则；不仅要掌握流程再造方法，还要熟练使用改进的具体措施……合理的流程是企业进行绩效改革的必要条件，人工智能时代企业更要重视流程的设计与再造。

业务流程梳理和操作流程定义

功能列表中的每一点都是相对完整的一个业务实例或功能实例，需要先梳理出原有的业务流程，然后找出可以优化的环节，才能设计出新的业务流程。

每个环节都或多或少地会涉及用户的操作，需要提前定义操作流程，这也是流程设计所需要完成的事情。这个环节处于功能设计之后、原型设计之前，可以用于梳理业务场景和使用场景，避免遗漏页面和交互。

• 梳理业务流程

在梳理业务流程的过程中，需要更多地考虑业务场景和业务开展的合理性，要注意以下几点：

（1）完整还原现有业务流程。任何业务的开展都有其既定的流程，不管是线上业务还是线下业务，即便是先前没有做过流程化的梳理，也必然存在相对应的流程。可以先基于业务现状，将其流程化表达出来，在这个过程中，不能加入自己的理解，也不能随意去画流程图，要和业务人员认真沟通和确认，最大限度地还原实际在运作的业务流程，否则容易忽略核心环节。

比如，常见的费用报销流程里都会有财务会计审核和财务出纳打款的环节，简单地把这两个环节加入到流程当中，不和会计人员沟通，很容易造成业务理解的片面性。有的公司业务办理比较简单，审核一次就可以了。有的业务办理比较复杂，需要审核两次：第一次是财务会计初审，主要审核费用报销项目的合理性，是否在公司允许的报销范围内，是否符合员工的报销权限；第二次是报送领导审批财务会计复审，主要审核发票的合规性以及是否有虚假呈报等，之后才给到出纳打款。如果产品功能上能满足简单的报销项目和报销权限的自动校验，第一次审核就完全可以优化掉。如果不去梳理，可能就发现不了原来业务流程中需要优化的缺点。

（2）优化设计时多考虑业务场景。一提到互联网，人们的头脑中就会蹦出来一个概念叫"去中间化"。去中间化本身并没有错，也确实是互联网链接的体现，只是不能只考虑去中间化，还要考虑一下业务场景合理性。所以，很多时候优化业务流程并不一定就是缩减环节，还可能是增加环节。

线下业务存在必有其合理性，不是什么业务都可以被"互联网+"给轻易颠覆掉。比如：K12 在线教育类产品很难绕过学校，这是体制决定的；线上补课产品短时间内较难取代线下培训机构，这是家长认知还没达到对互联网有很好的信任度。

业务流程也一样。有些环节是必然存在的，即便相同的业务，也会因为各公司业务切入点不一样而导致流程不一样。所以不能以常态的业务流程设计方式去优化，更需要结合业务实际的需要，除非可以推动业务按照你所设定的流程去变更。

以仅退款流程（不涉及退货）为例，简单的业务流程为：用户申请—商家审核，就两个环节，视商家审核的结果用户可以修改后再次提交，但是在优化业务流程的时候不应该只考虑到这一种业务场景：

（1）商家如果一直拒绝，用户难道就一直修改重新提交吗？显然不合理，所以用户需要有申请平台介入的环节。

（2）用户一直不选择平台介入，就不断地重新提交，显然也不合理，商家也要有申请平台介入的环节。

（3）用户要是申请部分退款，剩下的款项或者货物怎么办？这就要考虑发货前后申请的区别等。其他还有一些场景需要考虑。如此，就会让整个业务流程逐渐完善，不以简单的业务实现为基准，而是以业务场景实现为目标。

• **操作流程的定义和设计**

在操作流程的定义和设计上，要考虑用户操作场景和操作习惯，需要注意以下几点：

（1）降低用户的认知成本和学习成本，降低操作复杂度，提升操作友好性。

1）在文案的说明和引导上，要根据目标用户群体的特征，少使用专业术语，多使用白话式的描述。

2）要注意用户的浏览习惯及其对常见布局和排版的接受度。

3）很多已经约定俗成的设计方式可以直接采用。如果设计一种新的操作方式，需要考虑用户的学习成本和接受度。

4）尽量确保每个操作都有明确的反馈，无论是点击还是滑动。有明确的结果反馈会让用户觉得操作过程比较友好，这一点在很多反馈式设计里经常提到，也是交互设计的一个重要组成部分。

（2）涉及单据状态变更的操作，要注意关联影响和变化前后的业务控制。单据是指类似订单、退货单、换货单、申请单等，这些单据会在系统中流转，而流转的过程中会涉及单据状态的改变，每个状态改变都是由用户操作引起的。在这种情况下，不仅要考虑操作前和操作后的变化，还要考虑状态变更之后的关联影响，看是否会影响到别的单据或者业务的变化。

一般涉及状态变化的操作流程，除了要定义操作流程外，还要有状态流转图，就是每个单据各个状态发生改变的前置和后置，要定义清楚每种状态之间的相互关系及发生状态变化的必要因素。流程设计能让企业对业务流转和用户操作的流转有清晰的认知，如此设计功能的时候，就不会出现漏需求、漏页面等现象。而且，还可以让产品经理对业务的理解更透彻，不需要花太多的时间就能把业务梳理清楚。如果直接上手画原型，很容易出现漏页面的问题，且别人也不容易理解。

至此，概念设计、功能设计、流程设计这三个环节都是在需求分析的基础上，对需求的实现进行合理化设计的过程，能够让管理者对需求的认识有个清晰的概念，下一步就能动手去细化落地了。前期积累经验和培养做产品能力的阶段，要扎扎实实做好每个环节。

流程再造的基本原则

20世纪90年代，美国麻省理工学院教授迈克尔·哈默博士和CSC指数咨询公司董事长詹姆斯·钱匹为了探寻美国汽车技术落后的原因，在学习了日本经验之后，提出了"流程再造"的概念。所谓流程再造，就是对企业的业务流程进行根本性再思考和彻底性再设计，改善成本、质量、服务和速度等方面的业绩，使企业最大限度地适应以"顾客、竞争和变化"为特征的现代企业经营环境。

流程再造是一种全新的企业管理革命的理论，包括两个基本思想：一是组织必须识别出关键流程，并使之尽量简捷有效；二是必须扬弃枝节，包括企业中可有可无的部门和人。

流程再造对企业的改造是全面的、彻底的，只有紧紧抓住业务流程，以流程改造为核心，依次对企业的战略、组织、管理、人事、理念等进行整体性改造，才是真正意义上的企业再造。因此，企业必须从事物的根本着手，将旧的一套全部抛掉，对现行体制进行打破重组。

通过对过程的改善，可以满足不同顾客对质量、速度、新颖、标准化和服务等的需要。实施流程再造必须符合七大原则。

● **原则一：重视标杆管理**

流程再造必须有再造的参照物和基准，找到最佳绩效及其实践途径，然后就可以明确本企业所处的地位、管理运作和需要改进的地方，制定出适合企业发展的有效战略。

标杆管理是20世纪70年代末由美国施乐公司首创的，之后得到逐步推广。所谓标杆管理，就是不断地将企业流程与世界领先的企业相比较，获得有助于改善经营绩效的信息。其基本环节是以最强的竞争企业或行业领先和最有名望的企业绩效及实践措施为基准，树立学习和追赶的目标，通过资料收集、比较分析、跟踪学习、重新设计和付诸实施等程序，将企业的实际状况与基准进行比较。

● 原则二：必须选择恰当的流程

成功的流程再造，会给企业带来高回报、高收益，但是高风险性也不容忽视。企业内部流程种类众多、构成复杂，无法在一夜之间将原有流程全盘推翻。

流程再造启动之初就全面推行，会超出企业和员工的承受能力，容易遭到团队的反抗。而且，四面开花，也不利于集中精力、时间和资源，还可能使资源分配不当，顾此失彼。因此，在推行流程再造的最初阶段，要选择最可能获得阶段性收益、再造难度相对较小、周期相对较短的关键部门，作为首批再造对象，使员工能够通过对比，看到再造成果，有效缓解员工的质疑心理，化解因流程再造对组织的抗拒。

● 原则三：广泛学习借鉴，不要简单照搬

流程再造依靠自主创新，但是站在第三者的立场看问题，往往更准确、更深刻。先进企业流程再造的设计理念、思考问题的方法、推行的经验教训，都是宝贵的财富，广泛学习借鉴别人的成功经验，可以有效降低再造成本，减少再造风险。同时，流程再造没有固定的模式，应该因企制宜，因人而异。流程再造的实施方案必须由企业自身做主导，不能盲目迷信专家。

● 原则四：流程再造和管理创新并行不悖

流程再造是建立在若干成熟的管理理论基础上的，与很多管理理论密切相关。对于企业来说，流程再造思想的推行和管理创新的开展并不矛盾，可

以相互促进、相互支撑。比如，精益生产提出的缩短生产线长度、减少工位距离、作业标准化、培养多能工等管理方法，与流程再造中消除不增值环节的思想是一致的。全面推行流程再造的同时，要利用成熟的管理理论、先进的管理手段，深入开展管理创新，提高管理现代化水平。

• 原则五：健全以流程为导向的绩效评估机制

流程再造的绩效靠什么维持？是员工持之以恒的激情。企业运营可以靠流程驱动，员工的激情依靠什么驱动？除了责任心和敬业精神，最重要的还是薪酬拉动。推行流程再造后，不建立健全以流程为导向的绩效评估机制，新旧体制就会发生冲突，使流程偏离主航道。因此，流程再造后，必须尽快出台并完善以流程为导向、鼓励团队作业的绩效评估体制，建立有效、公正、公平的薪酬体制，确保不出现反弹。

• 原则六：有效整合既有资源，将决策权下放

有了现代化的信息系统支持，执行者就有了工作所需的决策权，能够有效消除信息传输中的延迟和误差，对执行者形成明显的激励作用。决策权下放的前提是，将信息处理工作融入流程工作中。在信息技术广泛应用的今天，员工运用信息化的手段显著提高，信息处理工作完全可以交由员工完成，为及时有效决策提供支持。

• 原则七：交流渠道始终保持通畅

不论是在问题的产生还是后来的解决，缺乏沟通都是造成问题的一个主要因素。流程再造，必须顾及人们的需求。忽视员工的感受，缺乏交流，就无法得到认同和支持。沟通越少，强迫越多，执行变革的借口和强制方法越多，不安的因素也就会越多，一旦超过一定限度，就会对流程再造形成反抗。因此，从决定实施流程再造开始，管理层就要与员工不断进行交流，从全员示警到全员沟通，最后引导全员再设计。

流程再造方法：DACUM

DACUM，即课程体系开发（Developing a Curriculum），是一种分析和确定职业所需能力的方法，如今已经成为一种科学、高效、经济的分析确定职业岗位所需能力的职业分析法。

20世纪60年代末，为了在教学培训过程中找到一种科学有效的教学计划、开发方法，使教学培训满足实际工作的需要，加拿大某一经济发展部实验项目分部进行了大量的理论研究和实践。结果表明，由优秀工作人员分析、确定与描述的本职业岗位工作所需的能力，更具体、更准确、更符合实际工作需要。任何职业的工作内容，都能有效而充分地用优秀工作人员工作中所完成的各项任务来描述。任何任务与完成此任务的人员所需的理论知识、工作态度和技能都有着直接的联系。

得到这样的科学结论后，加拿大和美国的两公司合作研发出一项分析职业岗位所需能力的系统方法。由于研发这种方法之初只是为了开发教学培训计划，所以取名为"Developing a Curriculum"（DACUM）。可是，随着其日趋成熟和使用的广泛，这种方法已经变成了一种科学、高效、经济的分析确定职业岗位所需能力的职业分析方法。

• **DACUM 的优点**

DACUM 的优点主要表现在：

（1）DACUM 进行职业分析，对职业岗位要求的职业能力描述得具体、明确，可以为人力资源开发与管理提供必要和准确的基础信息。

（2）DACUM 职业分析方法为招聘、培训和考核等工作提供了具体标准，可以使招聘、培训工作更加科学，缩短时间，降低成本。

（3）邀请优秀人员提出培训目标，使培训者和受训者都相信培训目标的可靠性，能激发其接受的热情，能够充分发挥培训者的主动性。

（4）DACUM 职业分析法，有利于加强人力资源部门与生产一线的联系，有助于用人单位清楚地了解员工职业能力的分布与水平。

● **DACUM 的步骤及内容**

（1）研讨会开幕式。研讨会开始后，首先由组织者介绍到会领导，介绍 DACUM 研讨主持人，说明 DACUM 研讨的重要性，并将研讨会交由主持人主持。接着，主持人介绍研讨委员会成员，简要说明 DACUM 方法，陈述 DACUM 方法的宗旨，介绍 DACUM 研讨的过程与步骤，指出 DACUM 研讨中应注意的问题。

（2）能力图表。研讨产生 DACUM 能力图表的过程，大体包括以下几个主要步骤：

1）对所研讨的职业（专业）岗位进行讨论，写出职业（专业）岗位名称，填到 DACUM 图表上，讨论出与本职业相关的工作岗位；

2）确定能力领域。运用"头脑风暴法"，让 DACUM 研讨人员充分发表个人意见；对能力领域提出意见后，对提出的能力领域进行修改与合并。通常，一个职业（专业）岗位有 8~12 个能力领域。应特别注意的是，对能力领域的描述，必须用一个动词开头，字不能太多；

3）确定各项能力的技能。对技能的描述用动词开头，同时要附加可操作内容。在技能讨论时，要讨论应掌握哪些知识、能做什么、抱以什么态度等；

4）检查和定义能力领域和技能。增删、合并技能和能力领域，完善 DACUM 表，并对能力领域和技能进行排序；

5）合并整理出 DACUM 表。一般包括四项内容：名称、能力领域、单项技能和技能操作评定等级。技能考核评定等级标准，是为了定义实际工作中单项技能的操作水平而提出来的，分为 1~6 个水平。如表 9-1 所示。

表 9-1　单项技能的操作水平

等级	技能考核评定等级标准
6	能高质、高效地完成此项技能的全部内容，并能指导他人完成。
5	能高质、高效地完成此项技能的全部内容，并能解决遇到的特殊问题。
4	能高质、高效地完成此项技能的全部内容。
3	能圆满地完成此项技能的内容、不做任何指导。
2	能圆满地完成此项技能的内容，偶尔需要帮助和指导。
1	能圆满地完成此项技能的内容，在指导下能完成此项工作的全部。

绩效改进措施之业务流程再造

流程再造的核心是面向客户满意度的业务流程，而核心思想是打破企业按职能设置部门的管理方式，以业务流程为中心，重新设计企业管理过程，从整体上确认企业的作业流程，实现全局最优。

人工智能时代，互联网对重构完整价值链的要求越来越高，品牌之间的竞争和对抗将日益淡化，取而代之的是关于公司价值链强度和效率之间的竞争。公司必须大量投资、谨慎管理、保护和持续对资产进行改良。拥有能够保持客户关系，快速反应并参与客户需求的动态价值链，这样的公司才能成为赢家。

业务流程是一套离散的任务，可以在多个资源（人、商业组织、公司）

之间共享，这些任务的分配既可以在事先达成一致，也可以根据规则和资源能力实时协商完成。流程合作涉及反复进行的协商式业务流程的两方或更多方，本质上更具关系性。

● 迈克尔·哈默的四阶段模式

尽管迈克尔·哈默没有系统地总结流程再造的方法步骤问题，但是学者们通过对其著作的研读，在理解迈克尔·哈默观念的基础上，总结出了一个四阶段模式：

第一阶段，确定再造队伍。产生再造领导人，任命流程主持人，任命再造总管，必要时组建指导委员会，组织再造小组。

第二阶段，寻求再造机会。选择要再造的业务流程，确定再造流程的顺序，了解客户需求和分析流程。

第三阶段，重新设计流程。召开重新设计会议，运用各种思路和方法重构流程。

第四阶段，着手再造。向员工说明再造理由，前期宣传，实施再造。

● 乔·佩帕德和菲利普·罗兰的五阶段模式

乔·佩帕德和菲利普·罗兰的五阶段模式详细内容包括：

第一阶段，营造环境。分为六个子步骤：树立愿景；获得管理阶层的支持；制订计划，开展培训；区分出核心流程；建立项目团队，指定负责人；就愿景、目标、再造的必要性和再造计划达成共识。

第二阶段，流程的分析、诊断和重新设计。分为九个子步骤：组建和培训再造团队；设定流程再造结果；诊断现有流程；诊断环境条件；寻找再造标杆；重新设计流程；根据新流程考核现有人员队伍；根据新流程考核现有技术水平；对新流程设计方案进行检验。

第三阶段，组织架构的重新设计。分为六个子流程：检查组织的人力资源情况；检查技术结构和能力情况；设计新的组织形式；重新定义岗位，培训员工；组织转岗；建立新的技术基础结构和技术应用。

第四阶段，试点与转换阶段。分为六个子流程：选定试点流程；组建试点流程团队；确定参加试点流程的客户和供应商；启动试点、监控并支持试点；检验试点情况，听取意见反馈；确定转换顺序，按序组织实施。

第五阶段，实现愿景。分为四个子流程：评价流程再造成效；让客户感知流程再造产生的效益；挖掘新流程的效能；持续改进。

通常来说，五大阶段应该顺序推进，但是，根据企业各自的情况，五大阶段可以彼此之间平行推进，或者交叉进行。所以，五大阶段并不是一个锁定的线性过程，而是相互交融、循环推进、不断再生的过程。

● 威廉姆·J. 凯丁格的六阶段模式

威廉姆·J. 凯丁格等在调查 33 家咨询公司推行流程再造的实践经验后，归纳出了流程再造的六个阶段 21 项任务，具体内容包括：

第一阶段，构思设想。包括四项任务：得到管理者的承诺和管理愿景；发现流程再造的机会；认识信息技术/信息系统的潜力；选择流程。

第二阶段，项目启动。包括五项任务：通知股东；建立再造小组；制定项目实施计划和预算；分析流程外部客户需求；设置流程创新的绩效目标。

第三阶段，分析诊断。包括两项任务：描述现有流程；分析现有流程。

第四阶段，流程设计。包括四项任务：定义并分析新流程的初步方案；建立新流程的原型和设计方案；设计人力资源结构；信息系统的分析和设计。

第五阶段，流程重建。包括四项任务：重组组织结构及其运行机制；实施信息系统；培训员工；新旧流程切换。

第六阶段，监测评估。包括两项任务：评估新流程的绩效；转向连续改善活动。

● 芮明杰和袁安照的七阶段模式

在我国，芮明杰、袁安照较早就对流程再造的步骤进行了研究，他们认为应该包含七个阶段32个子步骤，具体包括：

第一阶段，设定基本方向。分为五个子步骤：明确企业战略目标，将目标分解；成立再造流程的组织机构；设定改造流程的出发点；确定流程再造的基本方针；给出流程再造的可行性分析。

第二阶段，现状分析。分为五个子步骤：企业外部环境分析；客户满意度调查；现行流程状态分析；改造的基本设想与目标；改造成功的判别标准。

第三阶段，确定再造方案。分为六个子步骤：流程设计创立；流程设计方案；改造的基本路径确定；设定先后工作顺序和重点；宣传流程再造；人员配备。

第四阶段，解决问题计划。分为三个子步骤：挑选出当前应该解决的问题；制订解决此问题的计划；成立一个新小组负责实施。

第五阶段，制订详细再造工作计划。分为五个子步骤：工作计划目标、时间等确认；预算计划；责任、任务分解；监督与考核办法；具体的行动策略与计划。

第六阶段，实施再造流程方案。分为五个子步骤：成立实施小组；对参加人员进行培训；发动全员配合；新流程试验性启动、检验；全面开展新流程。

第七阶段，继续改善行为。分为三个子步骤：观察流程运作状态；与预定改造目标比较分析；对不足之处进行修正改善。

● 潘国友的四阶段模式

华中科技大学博士生潘国友在博士论文《企业流程再造的系统模式研究》一文中提出了四阶段模式，共17个子步骤，具体包括：

第一阶段，再造策划。分为七个子步骤：识别客户及其需求；树立愿景；明确再造战略；确定再造领导人；营造再造环境；组建再造小组，指定流程主持人；制订再造实施计划。

第二阶段，重新设计流程。分为四个子步骤：翻新流程；新流程试验；新流程完善；新流程检验。

第三阶段，流程规范化。分为四个子步骤：对新流程规范化、制度化；设计新的组织结构；构建新的岗位系列，指导和培训员工；建设新的 IT 结构和信息管理系统。

第四阶段，再造实施。分为两个子步骤：新旧流程切换；评估新流程。

这四个阶段是循环进行的，可以根据需要并行作业。潘国友还据此提出了企业流程再造系统模式的循环模型，循环模型由一个大圆和一个与之相切的小圆组成，外切圆表示企业流程再造的循环过程，内切圆是流程翻新阶段的循环过程。

第十章

人力改进：人工智能时代人力资源的破局

企业是死的，人是活的，从一定意义上来说，企业的运作和发展就是人的努力和发展，因此进行绩效改进也就离不开人员的调整和破局。人工智能时代的到来对人提出了更高的要求，也给人力资源管理带来了新的挑战。企业要重新定义现代企业的人才管理，灵活运用 IDSS，重视员工队伍的重塑，借助大数据和人工智能，进行人才管理的创新。

人工智能重新定义现代企业人才管理

未来十年，人工智能将大举进军商界。过去，新技术主要对蓝领和服务类岗位产生颠覆性影响。如今，人工智能将影响到企业人才管理的各个层级：从首席高管到一线管理者。企业管理者应该站在更高的看台上，展望人工智能、大数据等科技创新给企业带来的挑战与力量。

人工智能的技术进步促进产业应用的提速，不仅可以帮助企业招聘、培养更合适的人才，还能够取代许多人的工作，这就给各行各业提出了新的挑战和启发。

人工智能所替代的只是重复性的工作，但对销售、设计、研发等创造性的工作岗位影响不大。今后的企业组织人才管理中要重视行业专家与人工智能结合的作用。以后的组织人才管理应该重点培养企业人才的创造性，由此产生价值。

• 全新分工，行政管理消失

如今多数管理者都将时间花在了协调和管控上，而这部分的工作未来可能会被人工智能接管。目前，一些领先的新闻机构和华尔街金融机构已经开始利用人工智能报告生成器，借助数据量化分析来撰写新闻和分析报告。而且，人工智能正慢慢渗透到专业的人力资源领域，对人类情感和个性特点进行评估，并采取相应行动。如果人工智能可以承担、加速处理日常工作，并提供强大的分析支持，管理者的职责将发生怎样的变化？管理者还需掌握哪些技能？目前所熟知的管理者角色未来是否还存在？这些都是需要人们思考的问题。

• 高层乐观，中下层疑惑

虽然高层管理者期待将人工智能运用到日常工作中，但中下层管理者却感到很悲观。有人曾做过一项调查，问高管："是否能坦然接受由人工智能来监控和评估其工作呢？"42%的受访高管表示同意。可是，只有26%的中层管理者和15%的基层管理者表现出积极性。

• 新兴经济体拥抱人工智能

调查发现，管理层对人工智能的接受程度还存在一定的地域差异。具体来说，新兴经济体的管理者似乎更接纳人工智能。比如，将近一半的新兴经济体中的受访者都表示：未来决策过程中信任智能机器给出的建议，而发达经济体中的比例只有18%。

● 人工智能盲区：判断性工作

未来，人工智能将要承担越来越多的常规性工作，甚至辅助人们的决策，但无法做到面面俱到，更无法开展判断性工作。在关键业务决策中，运用人类的经验和专业知识，是人类判断力的真正价值所在。未来，创造力和社交能力定然会变得更加重要，当人工智能大举进入管理领域并取代人力时，企业对创造力和社交能力的需求也将进一步加大。

● 人工智能助力管理者迎接挑战

未来，智能机器将承担起管理工作，企业会以分阶段的方式应用智能机器，从助理到顾问再到执行者，复杂度逐步提升。新一代管理者会将智能机器人当作同事，专注于判断性工作，将更多的注意力转移到实际工作上，利用数字技术，充分激发合作伙伴、客户、外部利益等的知识和判断。同时，将不同想法汇集成可行且极具吸引力的综合解决方案，会被更多地融入团队和企业实践中。

人工智能已经进入企业生产，这一趋势未来还会更加明显。对于企业来说，千万不能坐以待毙。

IDSS 在 HRMIS 模块设计中的应用

● IDSS

IDSS 是智能决策支持系统（Intelligent Decision Support System，IDSS），其充分发挥了专家系统以知识推理形式解决定性分析问题的特点，发挥了决策支持系统以模型计算为核心的解决定量分析问题的特点，将定性分析和定量分析有机结合起来，使问题解决的能力和范围得到发展。智能决策支持系统是决策支持系统发展的一个新阶段。

IDSS 的每一位 DER 都来自企业的高级管理、主任设计或工程总监甚至总经理，有着多年的企业经营管理经验。其中，DER 曾多次参与过国内著名装饰集团的内部标准制定及资料编撰，曾为国内至少 6 家的装饰企业，成功树立地区的绝对优势或丰厚利润。

IDSS 的形成得益于人工智能及其更好的学习机制，主要特点有：

（1）决策者能自始至终地介入系统的决策过程，系统有一定的学习能力，可以使决策者与决策支持系统的决策能力在实际的决策过程中同步提高。

（2）将知识推理和数值运算结合起来，能够提供比初级的决策支持系统更有力的决策支持。

（3）建立更为通用的决策支持系统的结构，扩大系统的服务领域，使系统对环境的变化和决策方式的变化具有一定的适应性。

• HRMIS

HRMIS 是人力资源管理信息系统，此系统有内部联系的各模块组成，能够用来搜集、处理、储存和发布人力资源管理信息，能够为人力资源管理活动的开展提供决策、协调、控制、分析和可视化等支持。

主要功能模块有人事档案和组织架构。

（1）人事档案。人事档案分为四个人员库：在职、离职、退休、后备。系统内置丰富的人事档案字段，用户可以自行定义人事档案的数据字段，可以自行设计人事档案界面。

人事档案中包括薪酬记录、考勤记录、绩效记录、培训记录、社保记录、调岗记录、调薪记录、奖惩记录等常用数据子集。用户也能自行增加新的数据子集，可以针对子集进行独立的导入、导出、统计分析。

（2）组织架构。组织架构包括以下 13 方面：

1）部门管理。用户可以对部门进行设立和撤销，建立无限层级的树形部门结构。可以回顾部门结构的历史记录。可以即时查看组织机构图，并直接打印，也可以导出 HTML 格式。

2）职务及岗位管理。用户可以对职务和岗位进行设计和撤销。对岗位编制进行管理。可以为职务及岗位建立说明书。可以实时统计通过各部门及岗位编制人数统计表，可以随时了解企业编制情况。

3）模型化管理。用户可以建立精确的岗位及员工能力素质模型。为人力资源各项工作提供量化依据。能力素质模块使用系统指标库来构建。

4）合同管理。客户可以对员工的劳动合同、培训合同、保密协议进行新签和续签等操作。提供劳动合同期满提醒、未签劳动合同人员提醒、合同续签提醒。合同报表功能可以随时展现各类合同的明细数据。

5）薪酬管理。用户可以自定义薪酬账表。通过计算公式、等级表等方式，实现岗位工资、级别工资、工龄工资、学历津贴、考勤扣款、社保扣款、绩效奖、个人所得税等各类常见的工资项目。系统内置薪酬报表，包括：各部门员工薪酬明细表、各部门及岗位薪酬汇总表、部门月工资条打印表、职务薪酬汇总表、部门及岗位薪酬多月合计表、部门及岗位多月薪酬对比表、员工薪酬多月合计表。

6）社保管理。用户可以自定义各类保险福利类别。用户可为员工批量创建保险账户，可为当月入职员工开户，可为离职员工退保。社保缴费自动核算。可以在工资计算中自动引入社保缴费数据。

7）绩效管理。系统支持定性及定量两种绩效考核方式，如：360度考核、量化考核等考核方式。系统内置各岗位常用的绩效考核表，可供用户直接使用。用户也可以自行设定考核指标、评分权重、计分公式等项目，创建自己的考核表。系统内置绩效报表，包括：绩效考核结果一览表、绩效考核记录一览表、考核结果单指标分析表、考核评分记录明细表、各部门量化指标分析表、部门考核等级汇总表。

8）考勤管理。与企业现有考勤机结合，实现班次定义、员工排班、智能抓班、考勤汇总计算等功能。系统支持请假、出差、加班、补休、调班、停工等考勤业务管理。薪酬模块可以直接引用月考勤结果进行相关计算。假期管理中可以自定义法定假期与企业假期。考勤数据支持分部门管理，各分公司或部门可以独立管理本部的考勤。系统提供常用的一组考勤数据报表。

9）培训管理。培训管理员可以向员工进行培训需求调查。各部门上报培训需求，汇总成培训计划，计划内容包括培训的时间、地点、参与人员、预算等。培训计划可以在线申报，由培训计划生成培训的实施方案，详细记录培训实施情况。培训评价管理，记录员工在每次培训中的评价，培训记录自动记入员工档案。

10）招聘管理。用户可以制订招聘计划，包括招聘的岗位、要求、人数、招聘流程等。应聘简历可以详细记录应聘者资料，并记录他们在应聘各阶段的评价。应聘流程通过系统工作流平台完成，可以管理求职者的整个应聘过程。系统内置招聘报表，包括：各部门招聘计划明细表、各部门招聘岗位应聘情况明细表、应聘人员构成情况分类统计表、招聘计划各阶段人数统计表、各岗位招聘及应聘人数统计表。

11）报表中心。报表设计中心，用户可以自行定义各类明细、统计报表。

12）预警功能。主要内容有：劳动合同期满提醒；员工生日提醒；未签劳动合同人员提醒；合同续签提醒；员工转正提醒。

13）系统管理。主要内容有：系统日志管理；在线用户查看；业务监控台，查看系统中所有工作流业务的运行状态；部门数据权限管理；栏目访问权限管理；用户及角色管理。

• IDSS 在 HRMIS 模块中的运用

IDSS 在 HRMIS 模块中的运用主要体现在：

（1）人力资源计划模块。在人力资源计划设计中，首先要运用数据挖掘、知识发现等技术，调用现有内外部消息，通过对这些信息的汇总分析，得到现有组织中人力资源状况的合理性，并据此对企业未来的人力资源管理做出预测、评估与调整。这些都需要借助 IDSS 系统的统计功能及对自身某些数据的修改功能来实现，最终为决策者提供一份详细的信息报告。

（2）工作分析模块。在全面考虑人力资源管理面临的各种问题的基础上，IDSS 系统可以通过工作分析模块明确员工职责，有效避免人力资源和物质资源的浪费与重复建设。比如，百分比和百分比的分布、集中趋势分析、离散程度分析、关系分析、重叠统计方法，这五种基本的描述性统计方法只要经过程序化，就能在 IDSS 系统中发挥作用。对于现有的工作分析结果，只要系统输出模型库现存的模型即可。系统中没有的职位分析，则需要借助人机交互部件获取信息进行相应的数据库、知识库及模型库分析。

（3）员工招聘与配置模块。可以根据上面两个模块的分析结果进行员工招聘与配置，并进行成本预算。该模块中，数据库管理最为重要，要运用数据仓库进行各种传统数据的清理、抽取与转换，并根据相应的决策主题进行重新组织。数据仓库的物理结构一般采用星型结构的关系数据库，进行分析处理，从不同角度提取有关数据。可以根据一定的规则，随时修改更新系统数据库，并结合招聘结果，确定应聘人员来配置相适宜的职位与薪酬。

（4）绩效考核模块。绩效考评主要包括工作表现与工作业绩考核两种方式，IDSS 系统可以利用现有较成熟的科学考评方法，比如 360 度绩效考评方法等，组织专家对可行的考评方法进行程序化处理，实现计算机处理过程。

（5）人力资源薪酬模块。薪酬是员工从事劳动的物质报酬，具有保障和激励双重作用。随着企业竞争的加剧及员工素质的不断提升，基本工资、奖金等薪酬对员工的激励效果逐步减弱，而福利（包括保险、红利等）则更受到员工的更多关注。因此，要想吸引和留住员工，就要根据上述人力资源计划、工作分析、职位配置及绩效考核等形成一个公平的薪酬评价体系。

员工队伍重塑的人工智能解决方案

如今，人工智能已经在不知不觉间重塑企业发展。随着人工智能对通信、办公、协作等多种功能的结合，企业运作会轻松很多。在共享经济时代，人们可以在任何时间、任何地点工作，共享办公将成为大势所趋。

人工智能时代，工作被重新定义，部分任务将交给机器人来完成，同时也将产生一大批不同种类的新任务，员工将会燃起新的激情，投入前所未有的工作领域。为了让聚集在一起的全职员工发挥出更多潜能，就要重视工作场所的再设计，更要重新塑造员工队伍。

●拥抱智能机器，欲迎还拒

埃森哲公司在针对来自 14 个国家的 1700 余名部门经理的调研后发现，84%的经理认为，智能机器将使他们的工作更有效、更有趣。在未来，有着认知和深度学习能力的机器将"接管"消耗经理大量时间、精力的工作职责，这些职责包括：计划和协调、信息处理、跟踪绩效表现、常规的重复性工作及资源分配等。

在管理层面，智能机器的崛起最大意义可能在于，被"解放"的经理有更多的时间和精力来从事更具战略意义和创造性的工作。通过人机协作，智能机器在增强人类工作能力的同时，还能确保他们发挥独特的思维、感觉和沟通优势。

● 开风气之先，立管理之本

人工智能会推动员工的转型，成为不断适应环境及自我调整的灵活组织。融合智能机器和员工能力，打造柔性劳动力团队和在线工作管理方案是企业新的竞争优势。我们认为，领导层在以下三方面做出努力，能更好地打造未来的管理团队。

（1）知人善任。管理者不要盲目自信，更不要妄自菲薄。除了分析推理、数字技术及洞察力等基本技能储备外，更要依赖独有的人际交往能力来磨合团队，驱动创新并鼓励全新工作方式。如此，企业要在运营组织上做出改变，建立新的培训系统、绩效评估方式等。如果部分管理者不能完成转型，企业就要放眼外部，寻找能够胜任人机协作的人选，需要进行人才招募、发展和激励等一系列的机制调整和创新。为了更好地培训员工队伍，企业要学会使用虚拟世界、自适应性学习、增强技术等技术手段用以培训员工。

（2）鼓舞士气。领导者不仅要看准技术方向，还要鼓励经理以新方式开展工作。领导者要做好沟通并运用自身的影响力，让经理信服智能机器的价值和能力。简而言之，领导者首先要树立起变革者的形象，做好清晰且坦诚的沟通工作。调研发现，员工越信任领导，企业越能实施和加速变革过程。也就是说，当领导者能解答员工的担忧、获取他们信任时，他们更能接受认知计算，促进技术的普及。

（3）不断尝试。企业高管和经理要着手进行一系列有针对性的尝试，确定对团队最有效的智能机器功能，挖掘出更具价值的机会。经理和机器的协作体系并不仅仅是指完成自动化工作或单一地增强绩效，而是要凭借不断的尝试、过去的经验和直觉做出重要决策，让管理者与机器创造的价值成倍放大。

百度的"大数据+人工智能"人才管理创新

随着互联网行业在我国的快速发展，本土高科技公司在人力资源管理上面临着诸多共同的挑战。管理上，中层管理者普遍年轻化，以"70后""80后"居多，而且多出身技术岗位，导致管理经验等软技能欠缺，角色转化困难。业务上，科技企业创新性强，组织结构调整频繁，岗位轮替变化很大，对人才的选用和培养构成挑战。员工方面，科技人才市值高、流动快、个性强，如何形成合理机制，让管理跟上企业的飞速发展，同时让核心人才形成凝聚力，也成为企业亟待解决的难题。

作为中国互联网行业的领军企业，百度充分发挥了在人工智能和大数据方面的天然优势，做出了很多具有前瞻性的探索。

百度组建了面向智能化人才管理的专业复合型团队——"百度人才智库"（后文简称 TIC）。为了开发出能够切实解决科技公司人才管理痛点的实用工具，TIC 团队从业务场景入手，与人才管理专家以及不同背景的百度员工反复沟通，以超过 10 万名内部员工数据与海量多源外部公开数据为基础，花费一年时间，提供了国内首套智能化人才管理综合解决方案。目前该套解决方案已经在公司内部投入使用，在智能选拔、匹配人才、舆情掌握和预测等方面卓有成效。

凭借 TIC 科学的理论模型，百度以更加量化客观的衡量手段，从人才、组织和文化三方面来践行"让优秀人才脱颖而出"的人才管理理念。

• 管理的易与不易

传统人才管理主要依靠管理者个人积累的经验与简单的统计分析，不同经验背景的管理者对同一问题往往会得出截然不同的判断。由于不同管理者只能获取一部分信息，对不同问题的决策要么出现重复，要么随着问题复杂程度的提高趋于模糊。而智能人才管理则通过完整数据综合分析，给出明确的分析指标，能够让人力资源管理更加客观、完整、清晰。更重要的是，传统人才管理须通过大量实践才能总结出合理规则，永远在解决问题，相对滞后。而百度人才智库通过数据挖掘提供预测性分析，预判问题的发生，从而做到未雨绸缪。

数据分析首先是"过滤器"，能够屏蔽掉干扰管理的杂质和噪声。然后是"雷达"，帮助管理者更好定位价值所在，推荐管理行动。最后真正做决定的还是人。然而，技术水平和数据本身发现了人力资源领域中哪些管理需求能够被满足，哪些无法满足。百度拥有强大的大数据挖掘团队，对人力资源业务长期了解，还拥有一定水平的内外部 ERP 和舆情系统等数据，让百度人才智库应运而生。

虽然依托最前沿的数据挖掘技术手段，但设计百度人才智库预测系统的方向指导和方法论时，工作人员从中国古典哲学《易经》中汲取了很多灵感。《易经》中的三个原则"不易、变易和简易"，对预测科学建模具有深刻的指导意义。预测是建立在不易的基础上，做预测就是要把握住变化的方向和趋势。

● 智能管理人才、组织和文化

百度人才智库包括"智·管理""智·选才"和"智·人物"等多个功能模块。主要作用于人才、组织和文化三大方面。

（1）人才方面。TIC 能够极大提升招聘效率，科学识别优秀管理者与人才潜力，预判员工离职倾向和离职后的影响，并为有针对性的人才获取、培养与保留提供智能支持。

（2）组织方面。TIC 能通过分析部门活力、人才结构和部门圈子，科学评估组织稳定性，提供组织间人才流动规律，为组织优化调整、高效人才激励与促进人才流动提供智能化支持。

（3）文化方面。TIC 能及时呈现组织内外部舆情热点，智能分析外部人才市场状况，为管理者提升公司口碑，提振员工士气，为公司预先进行人才储备提供智能支持。

● 智能招聘系统

TIC 带来最大的变化之一，就是实现人才与岗位的智能双向自动匹配。从搜寻应聘者的角度改变了以前依靠人力从海量简历中大海捞针的模式，通过人工智能实现从"百里挑一"到"十里挑一"的转变。

以前部门管理者在向 HR 部门提出人才需求时，描述可能主观且模糊，而 HR 经理去市面上各大招聘网站大海捞针寻找简历，招聘结果还不尽人意，且过程烦琐耗时漫长。而 TIC 可以在整个百度招聘系统里自动搜索排列某个岗位最具价值的人才资源。

比如，HR 部门提出招聘 C 语言工程师的岗位需求，TIC 系统能通过分析百度系统中所有相关员工的简历信息和工作绩效数据，立刻把市面上最符合要求的前 10 位人选资源直接搜索出来，省去了很多不必要的招聘中间环节。

● 离职预测和分析

通过收集公司内外的数据，包括来自社交媒体和互联网的舆论信息和文本，TIC 建立了包括经济、职业发展和个人家庭原因等数百个动态特征的 90 天离职人员的预测模型，预测准确度达到了 90% 以上。

例如，在 2015 年进行的一项离职预测中，TIC 分析出了离职指数最高的前 30 名百度员工，3 个月内其中 29 人向人力部门提出离职申请。相应地，TIC 还能计算出员工的离职影响力有多大，并分析出离职的各项原因。如果离职指数高的员工达到一定的重要程度或者不可或缺，且离职原因在公司可控范围内，百度就能够及时进行干预，采取适当的挽留手段。

• 人员、人才和人物

过去的企业注重的是"人员"，比如早期的福特公司等制造业企业，强调人员的高效性和严格的组织纪律性。现在的高科技企业注重的是"人才"，强调一技之长和人才的团队组织协作能力。而未来企业一定注重的是"人物"，需要的是卓越的领导力及创新力。如何挖掘和寻找人物，是当今及未来 HR 部门面临的一个重大挑战。

TIC 从企业中的核心地位、业务桥梁、开放交流、组织框架和广泛合作五个维度打造量化模型，以业务往来邮件、在公司平台上编写程序等客观真实的数据和文本为依据，对员工进行打分。这就给每位员工建立了成长"电子档案"，通过计算员工的业务核心度指数，判断其成为"人物"的可能性，并且发现员工在五个维度的优劣，因地制宜地给予适合的任命，或进行有针对性的培训辅导。

• 人才管理风险指数

从组织层面来进行衡量，面对新的形式和新的业务挑战，应该如何从平级管理者中提拔出能够胜任高风险新岗位的人？TIC 也给出了相应的解决方案——人才管理风险指数。通过该指数，可以识别管理者在各个时期面临的管理复杂性和困难程度，并清晰比较不同管理者职业生涯中的风险变化。例如，某些管理者可能只胜任特定领域，在转换职责区域时就会呈现出大幅波动。

有能力的管理者，在相对较短时间内就可以让动荡的曲线趋于平缓。如果转换到某个岗位的管理者表现出长期的大幅波动或不适应，组织就要思考是不是该业务的组织结构设置有问题。

人才管理风险指数给提拔任命领导者提供了有说服力的客观依据：假如一位管理者曾经分别领导过三支极不稳定的团队，而仅利用三个月的时间，就让所有团队的风险曲线都平稳了下来，就说明他足以胜任高难度的新岗位。

● 人才圈子雷达

TIC 不仅能应用于公司内部的人才和组织管理预测，还能预测市场上人才招聘的热点，建立人才圈子。从感性上来说，人才圈子反映的事实是找工作也须"门当户对"。比如，TIC 通过数据挖掘发现，美国在线（AOL）所招聘的编程人员和媒体人才，呈现出截然不同的层次特点。AOL 的程序员多数都来自二线的 IT 公司，没有人来自谷歌、Facebook 等一线公司。而媒体人才通常都来自更高端的圈子，比如《华尔街日报》《金融时报》等。构造这样的社交职业生涯网络，就可以预测出特定行业和市场圈层的招聘热点，让HR 部门针对大趋势做好准备和调整。

● 智能人才管理的蓝海

互联网行业重视发展人才、关怀人才，关注"以人为本"，但该行业的快速发展决定了人才和组织管理的特殊性。快速的晋升通道、多元的业务结构、精英化的人员构成，给传统经验型管理带来了难题。员工很难获得所需要的成长和发展支持，也很难获得多元化、个性化的关怀。

以大数据驱动人工智能进行人才管理，不仅彰显了百度崇尚尖端技术的基因，也反映了该企业对未来跨学科合作趋势的准确判断。TIC 给年轻员工群体提供科学化、个性化的成长和发展指导，给百度的年轻管理群体提供大数据驱动的智能管理工具，真正做到以人为本。人工智能技术不仅让年轻员工更加了解自己的需求和所处位置，也让管理者能更有针对性地帮助员工成长，从根本上消除了年轻化团队和经验型管理之间的矛盾。

第十一章

绩效评估：通过人工智能，可以实时进行

绩效评估是企业管理中一项重要的基础性工作，为了检测绩效考核的有效性，就要使用科学的方法来进行评定。人工智能同样可以被使用在绩效评估中，只要掌握具体的内容和方法即可。之后，就能根据评测结果来作出判断，积极改进，多方完善绩效的改进。

人工智能在绩效评估中的应用

绩效评估，是人力资源管理的核心职能之一，是指评定者运用科学的方法、标准和程序，对行为主体与评定任务有关的绩效信息进行观察、收集、组织、储存、提取、整合，并尽可能做出准确评价。绩效评估工作开展得不好，就会适得其反，挫伤员工士气，加大企业和员工之间的矛盾。比如：不讲原则，看人考核，使得绩效考核多了人情的意味；暗箱操作，关门考核，绩效考核就会成为一本"私房簿"；不讲规矩，随意考核，绩效考核更会成为一笔"糊涂账"。

人工智能时代，要使绩效评估不违初衷，取得成效，就必须采用科学的评估方式，评得严谨，估得准确，必须将数据充分利用起来，从严、从细、从实评估。

（1）绩效评估的"严"。这一点主要体现在考核的公正合理上。无论评估的对象是谁，都不能任人唯亲，要破除关系的障碍，将一碗水端平。严肃评估态度，严明评估纪律，严定评估细则，严把评估程序，真正做到严评实估，这样的考核结果才有公信力。

（2）绩效评估的"细"。这一点主要体现在考核的内容界定上。无论是安全工作的落实情况，规章制度的执行情况还是工作任务的完成情况，或者是工作质量的优劣、工作效率的高低、工作态度的好坏、岗位建设的参与度、挖潜增效的贡献力、合理化建议的采纳率等，都直接关系到安全产生。这些内容都是体现员工素质的软实力，要全面细化、量化到各考核对象上，使考核结果更具代表性。

（3）绩效评估的"实"。这一点主要体现在考核结果的真实上。对于每项考核内容，都要制单列表、逐一考核，进行表单化管理、数字化呈现，不仅能真实反映出被考核者离考核目标有多远，还能在各被考核者之间进行横向比较，利于员工补差看齐，向绩效目标前进，进行良性竞争。

绩效评估的核心是价值激励，关键是数据，要想推动绩效评估，就要具备大数据，不要将直接收集的数据作为绩效考核评估的基准，要将数据背后隐藏的行为价值作为评估的重点。

当然，在实际操作中，一个岗位的评估指标可能是相同的，但可能这个阶段被评估的指标只有一项，不一定要全面评估考核，评估看的是变化，而不是分数。

绩效评估的内容与效果

人工智能时代，绩效评估也要重视评估的内容和效果。关于这一点，可以从下面几方面进行关注。

● 明确什么是绩效评估

所谓绩效评估，就是运用数理统计、运筹学原理和特定指标体系，按照统一的标准和程序，进行定量定性的对比分析，对经营期间的经营效益和经营业绩做出客观、公正、准确的综合评判。

绩效评估，又称绩效评价和员工考核绩效评估，是一种正式的员工评估制度，主要是运用系统的方法、原理来评定和测量员工在职务上的工作行为及工作成果。

绩效评估是管理者与员工之间的一项管理沟通活动，其结果可以直接影响到薪酬调整、奖金发放及职务升降等跟员工切身利益有关的事情。人工智能时代，绩效评估要将大数据、人工智能等充分利用起来。

● 了解绩效评估内容

人工智能时代，绩效评估的内容主要包括以下两方面：

（1）选取评估内容的原则。评估内容的确定主要以岗位的工作职责为基础，但要遵循下述三个原则：

1）与企业文化和管理理念保持一致。评估内容是对员工工作行为、态度、业绩等方面的要求和目标，是员工行为的方向，是企业组织文化和管理理念的具体化和形象化，必须在评估内容中明确这样几点：企业鼓励什么、反对什么等。

2）要有侧重，不能平均主义。评估内容一般都无法涵盖该岗位上的所有工作内容，为了提高评估效率，降低评估成本，让员工明确重点工作，就要选择岗位工作的主要内容进行评估，不能面面俱到。这些主要工作，会占据员工80%的工作时间和精力。另外，对较难考核的内容要谨慎处理，要认真分析它的可操作性和在岗位工作中的作用。

3）不评估与工作无关的内容。绩效评估是对员工的工作评估，对不影响工作的其他任何事情都不要进行评估。比如，员工的生活习惯、行为举止、个人癖好等。因为一旦这些内容妨碍到工作，就会影响到工作的评估结果。

（2）对评估内容进行分类。为了使绩效评估更具有可靠性和可操作性，要在分析岗位工作内容的基础上，根据企业的管理特点和实际情况，对考评内容进行分类。比如，将评估内容划分为"重要任务""日常工作"和"工作态度"考评等三个方面。

1）重要任务。这是评估期内被考评人的关键工作，通常需要列举 1～3 项关键即可。比如：对于开发人员，可以是考评期的开发任务；对于销售人员，可以是考评期的销售业绩。该项内容的考核评估具有目标管理考核的性质，没有关键工作的员工（如清洁工），不需要进行相关评估。

2）日常工作。考核条款一般以岗位职责的内容为准，如果岗位职责太复杂，可以选取重要项目进行评估。之后通过大数据分析，得出最终的评估结果。

3）工作态度。指的是对工作产生影响的个人态度，如协作精神、工作热情、礼貌程度等。对不同岗位的评估有不同的侧重。比如，"工作热情"是行政人员的一个重要指标，而"工作细致"可能更适合财务人员。

● **绩效评估效果**

有效的绩效评估，会对业绩的提升起到良好的促进作用，会有效提高员工的工作积极性，能使能力强的员工赢得更高的地位和利益，使能力一般的员工产生压力和向上的动力，最终促进企业目标的实现。

具体来说，通过绩效评估，要达到以下几个效果：

（1）有利于目标的实现。从本质上来讲，绩效评估不仅是对工作结果的评估，也是对过程的管理。企业完全可以将长期目标分解开来，变成年度指标、季度指标、月度指标，甚至周指标，监督员工来完成这一目标。成功的绩效评估体系，能有效地帮助企业达成目标。

（2）有利于发现问题。绩效评估是一个不断"制订计划→执行→修正错误"的过程，也是一个不断发现问题、改进问题的过程。发现问题，就能在第一时间将问题解决掉，利于企业目标的实现。

（3）有助于合理地分配利益。不与利益挂钩，评估也就失去了意义，将员工的绩效工资与考核结果紧密联系起来，就能提高员工的工作积极性。

（4）能够促进个人与企业的成长。人才的成长是企业不可或缺的部分，而绩效评估的最终目的就是促进企业与员工的共同成长。绩效评估的过程就是不断发现问题、改进问题、促进提升的过程，就能实现个人和企业的双赢。

绩效评估方法

人工智能时代，企业管理者和员工为了达到组织目标，共同参与绩效计划的制定、绩效辅导的沟通、绩效考核的评价、绩效结果的应用、绩效目标的提升，就能持续提升个人、部门和组织的绩效。因此，要想保证评估效果，就要掌握必要的绩效评估方法。

概括起来，常用的绩效评估（绩效考核）方法主要有：柯氏四级评估法、员工绩效评估方法、360度反馈评价法、平衡记分卡、项目评价法。这些方法在人工智能时代同样适用。下面我们就来简单介绍这几种方法。

• 柯氏四级评估法

柯氏四级培训评估模式由国际著名学者威斯康辛大学教授唐纳德·L. 柯克帕特里克在1959年提出，是世界上应用最广泛的培训评估工具，在培训评估领域的地位不可动摇。

柯氏培训评估模式，简称"4R"，主要内容有：反应评估，评估被培训者的满意程度；学习评估，测定被培训者的学习获得程度；行为评估，考察被培训者的知识运用程度；成果评估，计算培训创出的经济效益。具体来说，主要包括四个阶段：

第一阶段，学员反应。

培训结束时，向学员发放《满意度调查表》，征求学员对培训的反应和感受。问题主要包括：讲师培训技巧如何？课程内容的设计如何？教材挑选和内容如何？培训质量如何？课程组织如何？在将来的工作中，能否用到培训的知识和技能？学员一般都最清楚自己完成工作需要什么，如果学员对课程的反应是消极的，就要做出判断，是课程开发设计的问题，还是实施带来的问题。

这一阶段的评估不会涉及培训效果，学员能否将学到的知识技能应用到工作中，还不能确定。但这一阶段的评估是必要的。受训者的兴趣、受到的激励、对培训的关注等对培训项目都是异常重要的。同时，在对培训进行积极回顾与评价时，学员还能更好地总结学习的内容。

第二阶段，学习的效果。

确定学员在培训结束时，是否在知识、技能、态度等方面得到了提高，要回答这样一个问题："参加者学到东西了吗？"要对学员培训前后的知识技能测试结果进行比较，了解到他们是否学到了新东西。同时，还要对培训设计中设定的培训目标进行核对。这一评估的结果可体现出讲师的工作是否是有效的。

第三阶段，行为改变。

这一阶段的评估要确定受训者通过培训在行为上发生了多大的改变，可以通过对受训者进行正式或非正式的评估，如观察。总之，要回答这样一个问题——"在工作中，学员使用所学到的知识、技能和态度了吗?"尽管这一阶段的评估数据较难获得，但发挥着重大的作用，只有受训者真正将所学的东西应用到工作中，才能达到培训的目的，才能为开展新的培训打下基础。

第四阶段，产生的效果。

这一阶段的评估要考察的不再是受训者的情况，而是从部门和组织的角度了解培训带给组织的改变效果。就要回答这样一个问题："培训为企业带来了什么影响?"可能是经济上的，也可能是精神上的。比如，产品质量得到提高、生产效率得到提高、客户的投诉减少等。

这就是培训评估的四个阶段，实施从易到难，费用从低到高。一般最常用的方法是第一阶段，而最有用的数据是培训对组织的影响。当然，是否评估，评估到第几个阶段，要根据培训的重要性决定。

● 员工绩效评估方法

员工绩效评估方法可以从两方面来了解：一个是绩效评估的类型，另一个是绩效评估的原则。

（1）绩效评估类型。这种类型的绩效评估共有三种：

1）效果主导型。这种考评的内容以考评结果为主，着重于"干出了什么"，重点是结果而不是行为。其考评的是工作业绩而不是工作效率，标准容易制定，且容易操作。目标管理考评办法就是该类考评，时间短，表现性强，适合于具体的生产操作人员，不适合事务性人员。

2）品质主导型。这种考核的内容以考评员工在工作中表现出的品质为主，着重于"他怎么干"，需要考评如忠诚、可靠、主动、创新、自信、协助精神等。这种类型的绩效评估很难具体掌握，操作性与效率较差，适合对员工工作潜力、工作精神及沟通能力的考评。

3）行为主导型。这种考核的内容以考评员工的工作行为为主，着眼于"如何干"和"干什么"，重在工作过程。考评的标准容易确定，操作性强，适合于管理性、事务性工作的考评。

（2）绩效评估原则。绩效评估是一项复杂的工作，人工智能时代，要想提高评估工作的质量，达到预期的效果，应坚持以下几项原则：

1）客观可靠。绩效评估应尽可能科学地进行评价，多一些可靠性、客观性、公平性。考评应根据明确的考评标准、针对客观考评资料进行评价，尽量减少主观性和感情色彩，评估内容要用科学方法设计的指标来反映。在指标的设计过程中，要少些个人的主观因素，尽量采用客观尺度，使评估指标内容准确具体，尽可能量化。

2）方法可行。评估方法可行是指评估使用的方法要为人们所接受并能长期使用。评估项目的数量应适中，既不能太多、太繁杂，也不要太少、过于简单，同时还要针对不同层次的人员采用不同的评估方法。另外，要明确评估方法的目的和含义，使人们自觉接受和配合评估工作的进行。

3）经常化、制度化。为了将评估的各项功能充分发挥出来，要制定一套科学的评估制度体系，将评估工作落实到具体部门。应经常进行评估，尽可能获取有关员工的实际资料，加强评估效果。

4）多层次评估。在不同的时间、不同的场合，员工会有不同的表现，这就给员工绩效的客观评估带来了困难。因此，要从多方收集信息，从多个角度进行评估。主要包括：上级评估、同事评估、自我评估、下级评估、专家评估、客户评估等。综合运用多种方法进行评估，扬长避短，保证评估的客观性、全面性和系统性。

5）积极反馈。要将考评结果反馈给被考评者，这是员工得到个人工作绩效表现反馈的一个主要渠道。一方面，有利于防止考评中可能出现的偏见和误差，保证考评的公平与合理；另一方面，可以使被考评者了解自己的缺点和优点，使绩优者继续努力，绩差者奋起直追。

• 360 度反馈评价法

360 度反馈法，即 360 度反馈评价，也被叫作全方位反馈评价和多源反馈评价。

传统的绩效评价，主要由上级对被评价者进行评价。而 360 度反馈评价则由与被评价者有密切关系的人匿名对被评价者进行评价，包括被评价者的上级、同事、下属、客户以及自己等。然后，专业人员根据有关人员对被评价者的评价，向被评价者提供反馈，帮助被评价者提高其能力水平和业绩。

360 度反馈也称全视角反馈，通过各方面的意见，可以让被评价者知道自己的长处和短处。这是一种新的业绩改进方法，已得到企业的广泛应用。世界 500 强中很多企业都在使用这种评价方法。

• 平衡记分卡

平衡记分卡是一种革命性的评估和管理体系，主要包括四个层面：财务面、客户面、内部营运面、学习与成长面。其从四个角度，将组织的战略落实为可操作的衡量指标和目标值。设计平衡计分卡的目的是要建立"实现战略制导"的绩效管理系统，保证企业战略的有效执行。

（1）财务面。财务性指标是一般企业常用于绩效评估的传统指标，可以显示出企业战略及其实施和执行是否正在为经营结果的改善做出贡献。但并不是所有的长期策略都能很快产生短期财务盈利，非财务性绩效指标的改善和提高是实现目的的手段，而不是目的本身。财务面指标衡量的主要内容有收入的增长、收入的结构、成本的降低、生产率的提高、资产的利用和投资的战略等。

（2）客户面。企业要将使命和策略诠释为具体与客户相关的目标和要点，应以目标顾客和目标市场为导向，专注于是否满足核心顾客需求，决不能企图满足所有客户的偏好。客户最关心的问题通常有五个：时间、质量、性能、服务和成本。企业必须为这五个方面树立清晰的目标，然后将这些目标细化为具体指标。客户面指标衡量的主要内容：市场份额、老客户挽留率、新客户获得率、顾客满意度、从客户处获得的利润率。

（3）内部营运面。建立平衡记分卡的顺序，通常是先制定财务和客户方面的目标与指标，之后再制定企业内部流程面的目标与指标。只要遵循这个顺序，企业就能抓住重点，专心衡量那些与股东和客户目标息息相关的流程。内部运营指标既包括短期的现有业务改善，还涉及长远产品和服务的创新。

（4）学习与成长面。面对激烈的全球竞争，今天的技术和能力已经无法确保企业未来业务目标的实现。削减对企业学习和成长能力的投资，虽然能在短期内增加财务收入，但也会造成不利影响，给企业带来沉重打击。学习和成长面指标涉及员工的能力、信息系统的能力与激励、授权与相互配合。

● 项目评价法

所谓项目评价是指，在项目的生命周期全过程中，为了更好地进行项目管理，针对项目生命周期每阶段特点，应用科学的评价理论和方法，采用适当的评价尺度，根据确定的目的来测定对象系统属性，并将这种属性变为客观定量的价值或者主观效用。

根据项目生命周期各阶段的不同特点，可以将项目评价分为三个部分内容：项目前评价、项目中评价、项目后评价。三个阶段项目管理内容和侧重点不同，项目评价内容也不同。

项目评价的基本方法：

（1）净现值。净现值是指特定投资方案引起的未来各年现金净流量所折成的现值之和。或指特定项目未来现金流入的现值与未来现金流出的现值之间的差额。判断标准是：如果净现值为正数，表明投资项目的报酬率大于资本成本，该项目可以增加股东财富，应予采纳；如果净现值为零，表明投资项目的报酬率等于资本成本，不改变股东财富，没有必要采纳；如果净现值为负数，表明投资项目的报酬率小于资本成本，该项目将减损股东财富，应予放弃。

（2）现值指数。现值指数是指特定投资方案引起的未来现金流入的现值与未来现金流出的现值之间的比值。判断标准是：如果现值指数大于1，表明投资项目未来现金流入的现值大于未来现金流出的现值，应予采纳；如果现值指数等于1，表明投资项目未来现金流入的现值等于未来现金流出的现值，没有必要采纳；如果现值指数小于1，表明投资项目未来现金流入的现值小于未来现金流出的现值，应予放弃。

（3）内含报酬率。内含报酬率是指能够使未来现金流入量现值等于未来现金流出量现值的折现率。或者说是使投资方案净现值为零的折现率。计算方法主要有：

1）逐步测试法，适合于各期现金流入量不相等的非年金形式。

2）年金法，适合于无筹建期和经营期各年现金净流量相等的情况，符合普通年金形式。判断标准是：如果内含报酬率大于项目的资本成本或要求的最低投资报酬率，应予采纳；如果内含报酬率等于项目的资本成本或要求的最低投资报酬率，没有必要采纳；如果内含报酬率小于项目的资本成本或要求的最低投资报酬率，应予放弃。

绩效改进收益计算方法

人工智能时代，绩效改进收益的计算方法，要关注下面几个指标。

• 保证性指标

保证性指标主要包括两个：一个是利润总额，另一个是投资收益上交率。

（1）利润总额

计算公式：利润总额＝营业利润+投资收益+营业外收入−营业外支出

内容解释：企业实现的全部利润，包括当年营业利润、投资收益、补贴收入、营业外收支净额和所得税等内容，如果是亏损，以"−"号表示。利润总额指标包括企业当年预提的兑现奖励。

（2）投资收益上缴率

计算公式：实际上缴投资年度投资收益÷应上缴投资年度投资收益

内容解释：投资收益＝被投资单位宣告分派考核年度的现金股利或利润×投资持股比例

• 考核性指标

考核性指标主要包括：经济增加值率、净资产收益率、毛利率、应收账款周转率、总资产周转率、资产负债率、经营现金净流量、完成经营额、营业增长率、资本保值增值率等。

（1）经济增加值率

计算公式：经济增加值率＝经济增加值÷调整后资本

内容解释：

1）经济增加值＝净利润+（利息支出+研究开发费用调整项-非经常性收益调整性×50%）×（1-25%）-调整后资本×平均资本成本率

2）调整后资本＝平均所有者权益+平均负债合计-平均无息流动负债-平均在建工程

3）无息流动负债是指，财务报表中的应付票据、应付账款、预收账款、应交税费、应付利息、其他应付款。

4）资本成本率原则上是5.5%，最终根据企业加权资本成本确定。

（2）净资产收益率

计算公式：净资产收益率＝（净利润÷平均净资产）×100%

内容解释：

1）平均净资产＝（年初所有者权益合计+年末所有者权益合计）÷2

2）净资产收益率反映所有者投资的获利能力，该比率越高，说明所有者投资带来的收益越高。

（3）毛利率

计算公式：毛利率＝营业毛利÷营业收入×100%

内容解释：营业毛利＝营业收入-营业成本

（4）应收账款周转率

计算公式：应收账款周转率（次）＝销售（营业）收入净额÷平均应收账款余额

内容解释：

1）销售（营业）收入净额同上。

2）应收账款是指企业因提供劳务和赊销产品、材料、物资而应向购买方收取的各种款项。

平均应收账款＝（应收账款年初数+应收账款年末数）÷2

（5）总资产周转率

计算公式：总资产周转率（次）＝销售（营业）收入净额÷平均资产总额

内容解释：

1）销售（营业）收入净额是指企业当期提供劳务、销售产品、商品等主要经营活动取得的收入减去销售折扣与折让后的数额。

2）平均资产总额＝（年初资产总额＋年末资产总额）÷2

（6）资产负债率

计算公式：资产负债率＝（负债总额÷资产总额）×100%

内容解释：

1）负债总额是指企业承担的各项短期负债和长期负债的总和。

2）资产总额是指企业拥有各项资产价值的总和。

（7）经营现金净流量

计算公式：经营现金净流量＝经营活动现金流入－经营活动现金流出

内容解释：

年经营现金净流量是指一定时期内，由企业经营活动所产生的现金及现金等价物的流入量与流出量的差额。该指标是从现金流入和流出的动态角度对企业实际偿债能力进行考察。

（8）完成经营额

指企业当期提供劳务、销售产品、商品等主要经营活动取得的收入减去销售折扣与折让后的数额。

（9）营业增长率

计算公式：（本年度营业收入－上年度营业收入）÷上年度营业收入×100%

内容解释：营业增长率是企业本年营业收入增长额与上年营业收入总额

的比率，反映营业收入的增减变动情况。营业增长率是衡量企业经营状况和市场占有能力，预测企业经营业务拓展趋势的重要指标。该指标反映了企业营业收入的成长状况及发展能力。

（10）资本保值增值率

计算公式：资本保值增值率=（年末所有者权益÷年初所有者权益）×100%

内容解释：

1）年末所有者权益指所有者权益的年末数。

2）年初所有者权益指所有者权益的年初数。

如何判断绩效改进工作可以结束

绩效改进工作不能无时间限制地进行，要根据具体情况做出判断。如果发现可以结束了，就要适时停止。那么，如何来判断绩效改进工作可以结束了呢？着重来看这两点。

● 知道了产生差距的原因

绩效差距产生的原因有很多，具体来说，可以分为员工原因和企业原因。

员工原因，主要包括：性别、年龄、智力、能力、经验、阅历（个人客观原因）；个性、态度、兴趣、动机、价值观、认识论（个人主观原因）。

企业原因，主要包括：外部资源、市场、客户、对手、机遇、挑战（外部原因）；内部资源、组织、文化、人力资源制度（内部原因）。

就笔者多年管理咨询的经验，在查明原因的时候，企业要着重注意如下几方面的问题：

（1）目标设置不合理。目标定得过高或过低，都会导致绩效出现偏差。

举个简单的例子：市场上其他销售员的月销售额是 10 万元，你却给下属定 20 万元，他能完成吗？绩效出现偏差，也就不可避免。

（2）缺乏激励，员工积极性不高。员工超额完成了目标，公司给予的奖励很低，或根本没有，员工士气必然会受到影响，工作积极性就会大大降低。相反，如果员工犯了错误，却没有及时惩罚，会怂恿员工犯错。在激励方面，正负激励都要考察。

（3）人员岗位不匹配。员工很努力，却无法达到绩效指标，原因之一可能是人员岗位不匹配。员工都有自己的优势与长处，可能某个人在销售岗位做得很好，而在行政岗位却没有突出的业绩。每个人都有适合自己的岗位，关键在于是否善于发现和挖掘员工的长处，将员工放在合适的位置上。有些员工的绩效不好，并不是他不努力，可以试着换个岗位。

（4）人员能力欠缺。比如某个岗位，工作本来有规范的操作标准，但是没有给员工进行严格的操作培训，员工对操作标准不熟练，也会影响绩效。如果员工能力欠缺，企业可以通过工作分析，查明岗位需要的人员素质，之后对员工开展有针对性的培训。

（5）公司组织运转出问题。如果公司许多岗位都绩效低下，就得检查一下公司的组织运行情况了。具体而言，可能有以下几个方面：

1）组织结构。公司官僚机构太多，必定会影响组织决策的效率，从而影响组织的整体绩效。

2）流程制度。如果流程混乱，甚至缺失某些环节，必定会影响工作的推进和开展，导致绩效出现一些问题。

3）岗位职责。如果企业岗位职责不清晰、职责目标不明确等，可能表现出岗位之间职责重叠、多任务少责任等现象，人员也可能互相推诿扯皮，破坏和睦关系。

4）部门配合。部门之间不配合，互相为难，工作效率就会低下，绩效肯定不好。

• 采取了必要的绩效的改进方法

发现问题后，企业可以采取必要的绩效改进方法，具体的改进方法包括：

（1）制定合理的绩效目标。如果发现没有实现绩效目标，就要对工作标准进行衡量和评估，制定一个合理的目标，不能太高也不能太低。

（2）建立和完善奖惩机制。如果发现员工违反公司规定，就要及时制止和惩罚。要建立明确的赏罚制度，让真正有业绩的员工得到奖励，犯错的人员得到相应的惩罚。

（3）建立人才合理流动的机制。如果发现将员工放在了不合适的位置上，就要建立合理的人才流动机制，要根据员工能力进行岗位调动，允许内部岗位的轮换与调动，让真正适合的人到该工作岗位上去。

（4）建立公司的人才培养机制。如果发现员工能力欠佳，就要建立一定的人才培养机制。定期分析绩效差距，提炼培训需求，组织员工培训，切实改善员工绩效。

（5）建立公司组织运行机制。如果发现公司组织运作有问题，就要梳理岗位职责，明确设岗目标；优化流程体系，确保流程顺畅；建立定期的沟通机制，确保内部同事间的配合；优化组织结构，促进组织的高效运转。

结　语

人工智能，是时代发展的产物。企业只有与时俱进，才能获得长远发展；进行绩效改进，只能跟人工智能结合起来，才能得到最佳的效果。

　　学习，是时代对企业的要求，只要善于学习、懂得学习，才能赢得更多的发挥机会。人工智能时代，同样离不开学习。企业领导要努力提高自己的学习力，将人工智能这一新生事物合理运用到绩效改进工作中。如此，企业运作就能更加灵活，发展之路也能更顺畅。

参考文献

［1］吴军：《智能时代 大数据与智能革命重新定义未来》，中信出版集团 2016 年版。

［2］李开复、王咏刚：《人工智能》，文化发展出版社 2017 年版。

［3］王骥：《新未来简史：区块链、人工智能、大数据陷阱与数字化生活》，电子工业出版社 2018 年版。

［4］理查德·温：《极简人工智能：你一定爱读的 AI 通识书》，电子工业出版社 2018 年版。

［5］马文·明斯基著，任楠译：《心智社会：从细胞到人工智能，人类思维的优雅解读》，机械工业出版社 2016 年版。

［6］井底望天、武源文、赵国栋、刘文献编：《区块链与大数据：打造智能经济》，人民邮电出版社 2017 年版。

［7］彼得·德鲁克著，闫佳译：《人与绩效：德鲁克管理精华》，机械工业出版社 2015 年版。

［8］赫尔曼·阿吉斯著，刘昕、柴茂昌、孙瑶译：《人力资源管理译丛：绩效管理》，中国人民大学出版社 2013 年版。

［9］刘美凤、方圆媛著，吴峰编：《绩效改进》，北京大学出版社 1995 年版。

［10］莫斯利著，胡丽、崔连斌等译：《ISPI 绩效改进指南（精装共 3 卷）》，江苏人民出版社 2015 年版。

［11］朱迪·赫尔：《绩效改进咨询实务手册（第二版）》，中信出版社 2014 年版。

［12］理查德·A. 斯旺森（Richard A. Swanson）：《绩效分析与改进》，中国人民大学出版社 2010 年版。

［13］罗思韦尔（Rothwell W. J.）、杨静、肖映：《员工绩效改进：培养从业人员的胜任能力》，北京大学出版社 2007 年版。

［14］付雅萍：《赢在绩效改进：如何消除绩效障碍》，北京联合出版公司 2014 年版。

［15］罗杰·爱迪生、卡罗·海格、林恩·卡尼著，易虹译：《绩效构建》，电子工业出版社 2018 年版。

［16］特里斯坦布特罗斯：《过程改进手册——管理变革和提高组织绩效的指南》，机械工业出版社 2017 年版。

［17］李在卿：《管理体系绩效改进指南》，中国标准出版社 2006 年版。